Otto Dempwolff

Tagebücher

„Ich wäre gern noch dortgeblieben. Wer wird das auch für die ethnologische und linguistische Wissenschaft wichtige Material einsammeln, ehe es zu spät ist, ehe die Leute ganz aussterben?" (Dempwolff 1902)

Für Irmgard Duttge,
Tochter von Otto Dempwolff.

Otto Dempwolff

Tagebuch von den Westlichen Inseln 1902

Bibliografische Information der Deutschen Nationalbibliothek:
Die Deutsche Nationalbibliothek verzeichnet diese Publikation in der
Deutschen Nationalbibliografie; detaillierte bibliografische Daten sind
im Internet über http://dnb.dnb.de abrufbar.

Texterfassung: Irmgard Duttge, geb. Dempwolff; Michael Duttge
Buchgestaltung: Michael Duttge
Herausgeber: Michael Duttge

Herstellung und Verlag: BoD – Books on Demand, Norderstedt

ISBN: 9783750405738

Inhaltsverzeichnis

Vorwort

Prof. Dr. med. Dr. phil. h. c. Otto Dempwolff (1871–1938) war ein deutscher Arzt und Sprachwissenschaftler.

Dempwolff war tätig als Schiffsarzt auf Passagierschiffen zwischen Europa und Südamerika, als Arzt in Papua-Neuguinea und als Stabs- bzw. Oberstabsarzt der deutschen Schutztruppen in Afrika. Zeitweise arbeitete er unter Robert Koch in der Malariaforschung.

Als Sprachwissenschaftler wurde er bekannt mit seinen Studien über austronesische und afrikanische Sprachen. Nach seiner ärztlichen Tätigkeit leitete er als nb. ao. Professor das Seminar für *Indonesische und Südseesprachen* an der Universität Hamburg.

Dieses Buch enthält die Texte und Bilder des Tagebuches, welches Dempwolff im Jahr 1902 während einer Schiffsreise zu den Westlichen Inseln (Papua-Neuguinea) schrieb. In den Jahren 1901 bis 1903 arbeitete er in Papua-Neuguinea als Angehöriger der *Kaiserlichen Schutztruppe* in einer *à la suite*-Stellung im Auftrag von Robert Koch in der Malariaforschung. Das Tagebuch ist handgeschrieben und wurde größtenteils von Dempwolffs Tochter, meiner Mutter Irmgard Duttge, abgetippt. Ihr Engagement und ihre Recherchen haben dieses Buch möglich gemacht.

Das Tagebuch ist in wenige Kapitel unterteilt. Eine Liste der im Tagebuch eingefügten Skizzen und Fotos findet man im Abbildungsverzeichnis. Das Personenverzeichnis enthält z. T. bekannte Persönlichkeiten. Ihre dort wiedergegebenen Beschreibungen folgen ausschließlich denen aus dem Tagebuch und sind entsprechend kurz und schlicht. Ein Abkürzungs-, Orts- und ein Schiffsverzeichnis (das Tagebuch nimmt Bezug auf verschiedene Schiffe) findet sich ebenfalls am Ende des Buches.

Die Rechtschreibung des Tagebuches wurde nahezu ohne Veränderungen übernommen. Einige Wörter sind – zumindest nach heutiger Schreibweise – fehlerhaft. Erläuternde Beispiele findet man im Wörterverzeichnis. Eine Landkarte der Westlichen Inseln – zur Orientierung während des Lesens – schließt den Anhang.

Dieses Tagebuch ist unvollendet und gehört zu einer Serie von drei Tagebüchern, von denen die ersten beiden Bände verloren gegangen sind.

Das Tagebuch trägt die Bezeichnung *OD-1902-12-19-PNG-Diary-71p-No3* gemäß der Katalogisierung seiner zahlreichen übrigen Tagebücher und Briefe:

OD-Datum-Ort-Schriftstück-Seitenzahl-Vermerk, wobei

OD:	Präfix (Otto Dempwolff),
Datum:	Datum des Schriftstückes im ISO-Format,
Ort	PNG (Papua-Neuguinea), SWA (Südwestafrika), GEA (Deutsch-Ostafrika),
Schriftstück:	Brief, Tagebuch, Postkarte oder Gedicht,
Seitenzahl:	Anzahl Seiten des Schriftstückes,
Vermerk:	Vermerk auf dem Schriftstück.

In den Text eingefügte Zahlen in eckigen Klammern (also z.B. [3]) zeigen den Beginn der entsprechenden Seite des originären Schriftstückes an.

Ich wünsche Ihnen viel Freude beim Lesen,
Michael Duttge, Herausgeber.

Foreword

Prof. Dr. med. Dr. phil. h. c. Otto Dempwolff (1871–1938) was a German physician and linguist.

Dempwolff worked as a ship's doctor on passenger ships operating between Europe and South America, as a doctor in Papua New Guinea and as a medical officer of the German colonial troops in Africa. At times he worked under Robert Koch in malaria research.

As a linguist he became famous with studies on Austronesian and African languages. After finishing his medical activity, he headed the seminar for *Indonesian and Pacific languages* at the University of Hamburg as an extraordinary professor.

This book contains the texts and images of the diary which Dempwolff wrote in 1902 during a sea voyage to the Western Islands (Papua New Guinea). In the years 1901 to 1903 he worked in Papua New Guinea as a member of the *Kaiserliche Schutztruppe* in an *à la suite* position on behalf of Robert Koch in malaria research. The diaries and letters are handwritten and were mainly converted into digital text by Dempwolff's daughter, my mother Irmgard Duttge. Her engagement and research made this book possible.

The diary is divided into a few chapters. A list of the sketches and photos inserted in the diary can be found in the table of figures. The list of persons includes some well-known personalities. Their descriptions follow those given in the diary and are short and simple. A list of abbreviations, places and ships (the diary refers to different vessels) can also be found at the end of the book.

The orthography of the diary was reproduced faithfully and only minor changes were made. Some words do not correspond to modern spelling rules but have been retained. Explanatory examples can be found in the list of words. A map of the Western Islands used as orientation for reading closes the appendix.

The published diary is unfinished and belongs to a series of three diaries of which the first two volumes have been lost.

The diary is labeled *OD-1902-12-19-PNG-Diary-71p-No3* according to the cataloguing of its numerous other diaries and letters:

OD-Date-Place-Document-Number of Pages-Note, where

OD:	prefix (Otto Dempwolff),
Date:	date of the document in ISO format,
Place:	PNG (Papua New Guinea), SWA (South West Africa), GEA (German East Africa),
Document:	letter, diary, postcard or poem,
Number of Pages:	number of pages in the document,
Note:	note on the document.

Numbers in square brackets inserted into the text (e.g. [3]) indicate the beginning of the corresponding page of the original document.

I hope you enjoy reading,
Michael Duttge, editor.

Matupi, 9. November 1902.

Rudolf Wahlen, langjähriger Prokurist der Firma Hernsheim und C<u>o</u> in Matupi, Bismarck Archipel, hat von dieser die „westlichen Inseln", etwa 500 ha herrenloses Land, gekauft und für dieses Gebiet vom Gouvernement Handelsmonopol, Fischereigerechtsame u. dgl. auf 10 Jahre erworben, so dass er auf den Hermit-, Anachoreten-, Echequier-, Commerson-, Allison-, Durour- und Matty-inseln wie ein König herrschen wird. Gestern gab ihm sein bisheriger Chef, Max Thiel hier ein Abschiedsfest, zu dem 40 Europäer aus Herbertshöhe und Umgegend erschienen waren, und bei dem es hoch herging. Erst heute morgen wurde mit einem fröhlichen Frühschoppen unter Mitwirkung mehrerer Damen Schluss gemacht.

Nach drei Tagen wird Wahlen auf dem Motorschuner der Stammfirma mit 4 Europäern, 4 chinesischen Handwerkern und über [2] 100 melanesischen Arbeitern seine Übersiedlung ins Werk setzen, – und ich will ihn begleiten.

Wie ein Kind auf Weihnachten, so freue ich mich seit lange auf diese Reise. Die „westlichen Inseln" liegen abseits vom Globetrotterverkehr; die wenigen Europäer, welche sie bisher besucht haben, sind fast alle noch namhaft zu machen, und von Männern der Wissenschaft waren nur 3 oder 4 dort an Land. Sie sind in vieler Hinsicht „terra incognita" und enthalten jedenfalls noch eine unerschöpfte Fülle von Neuem für viele Wissensgebiete. Mir selbst setze ich für die etwa sechswochenlange Reise, abgesehen von persönlicher Erholung nach 13 monatlanger Arbeit, zur Aufgabe, Material für tropenhygienische Fragen zu sammeln, insbesondere für die eine: warum dort die Eingeborenen aussterben.

Abb. 1: Abschiedsfeier für Rudolf Wahlen in Matupi

Herbertshöhe, 11.XI.02.

Was man bisher von diesen „westlichen Inseln" weiss, ist sehr dürftig. Ich habe heute in der reichhaltigen Bibliothek des bekannten Südseeforschers Parkinson so ziemlich alles zusammengesucht. Die spanischen, französischen und englischen Entdecker scheinen das Land nirgends betreten zu haben. Um die Mitte des vorigen Jahrhunderts ist ausser Walfischfängern, denen Frauenraub und Seucheneinschleppung nachgesagt wird, anscheinend Niemand in diesen Gewässern gewesen. Erst in den letzten 30 Jahren brachte der Coprahandel und gelegentlicher Kriegsschiffbesuch einige Kenntnisse über Land und Leute, im Grunde nur Schlüsse aus eingetauschten Curiositäten. Seitdem Miklucho-Maklay [3] nach 4 tägigem Aufenthalt auf den Echequiers die Bewohner für Mikronesier erklärt hat, wird eine Einwanderung aus den Karolinen angenommen. Von den Hermits hat Dr. Schnee etwa 200 Worte der Sprache veröffentlicht, von den Anachoreten sind Reproductionen nach Photographien in dem anthropologischen Werk von Ploss „das Weib" zu sehen, und mit den von Matty Insel erhandelten eigenartigen ethnographischen Sammlungen hat sich eine Reihe von Aufsätzen im „Archiv für Ethnologie" beschäftigt, voller Hypothesen und Probleme, aber ohne jegliche Kenntniss von Sprache, Sitte und Lebensweise. Dann sind in neueren Zeitschriften – Kolonialblatt, Mission-Review, Lokalanzeiger, Marine Rundschau – kurze Reiseberichte von je einem Beamten, Missionar, Privatmann und Marineoffizier erschienen und endlich hat Dr. Thilenius eine grössere wissenschaftliche Arbeit angekündigt, von deren Erscheinen aber hier draussen noch nichts bekannt ist.

Wirtschaftlich sind die Inselgruppen besser bekannt, namentlich der Firma Hernsheim. Da sollen alle Südseeproducte ausser Gold, also Copra, Afzelia bijuga und andere Exporthölzer, Trepang aller

Klassen, Perlen und jede Art marktfähiger Muscheln, endlich Schildpatt in reichlichen Mengen vorkommen. Wo die Bevölkerung ausstirbt, wie auf Hermits und Anachoreten, werden alte Cocosnussbestände herrenlos, wo dieselbe Eisen u. dgl. noch wenig kennt, wie auf Matty und Durour, kommen die Producte dem Händler billig zu stehen, nur auf den stets schwach bevölkerten aber ausgedehnten und fruchtbaren Echequiers wird eine regelrechte Plantagenkultur [4] betrieben werden können.

Matupi, 13.XI.02.

Die Reisevorbereitungen sind sehr einfach. Während der Junge ein Dutzend weisser Anzüge nebst der zugehörigen Leibwäsche, 5 Paar Schuhe und 3 Hüte in zwei Blechkoffer packt, suche ich einige Instrumente, Bücher und Arzneimittel aus dem grossen Bestande des Laboratoriums und bringe sie in zwei Holzkisten unter. Dann werden noch Feldbett, -tisch und -stühle für etwaigen Landaufenthalt zusammengeklappt und aus dem photographischen Apparat ein Bündel Handgepäck gemacht. Für Speisen und Getränke brauche ich, wie mir Wahlen versichert, nicht zu sorgen; im letzten Augenblick kaufe ich noch ein paar Blechgeschirre für etwaigen eigenen Haushalt an Land, und entdecke dabei in einem Winkel des Lagers noch sechs verstaubte Flaschen Sekt: – der angeblich seit 3 Wochen ausgegangen ist. Nun habe ich ihn zur Neujahrsfeier aufgekauft.

Die Passage für die 6–7wöchige Reise kostet 500 M, für hiesige Verhältnisse, in denen es keine Conkurrenz giebt, recht koulant berechnet. Darauf gehen auch meine drei Diener mit: der Javane Atmodihadyo, Gehülfe der Malariaexpedition, der Tamul Sesao als persönlicher Diener und der Yabim Ngasai, der eigentlich nur aus Lust, die Welt zu besehen als Passagier des Kriegsschiffes

Möwe vor 2 Monaten aus eigenen Stücken hierhergekommen ist, wo er mich als seinen alten „master" besucht, und der von Berlinhafen aus wieder in seine alte Heimat befördert werden will. [5]

An der S.W. Küste von Neu Mecklenburg, 15.XI.

An einem Freitag sind wir gestern auf 2 Schiffen ausgefahren, nun muss uns auf der Reise etwas zustossen: die Maschine ist zusammengebrochen, der Seemannsaberglaube hat Recht behalten, und beim traurigsten Regenwetter treiben wir mit schlotternden Segeln auf kabbliger See umher.

Gestern war also endlich Alles reisefertig. Am frühen Morgen war die Stella, Wahlens kleiner Schuner von 16 tons mit 3 Weissen und 16 Farbigen vorausgesegelt, mittags folgten wir auf der vollbeladenen Gazelle – Motorschuner von 151 tons – 8 Europäer und 150 Farbige. Am Ufer von Matupi hatten sich Schaaren von Arbeitern und Einwohnern der Insel eingefunden, von der Veranda des grossen Lagerhauses winkten uns die zurückbleibenden Europäer Lebewohl zu, und immer aufs Neue tönte „hip hip hurräh!" durch die regnerische Luft. In Herbertshöhe gingen wir wieder vor Anker, um den Nachmittag mit letzten Besorgungen und Abschiedsbesuchen zuzubringen. Hier kam noch Herr Schultz aus Mioko als Passagier für Nusa an Bord, wohin sich von Matupi Herr Thiel und Herr Rodatz eingeschifft hatten.

Am Abend fand bei Mondschein noch ein letzter Abschied an Bord statt, dann ging's um 7 Uhr in die wogende See, Curs [6] NW an der Mutter und den beiden Töchtern vorbei.

Und alsbald brach das Freitags-unglück auf uns herein. Um ½ 11 gab's in der „Kaffeemühle" – der kleinen Gazolin-Destillate-Herkules-Patent-Maschine – einen Rucks und Knacks und damit stand sie still: der Deckel einer Ölkanne ist zwischen Trieb- und

Schwungrad gefallen u. hat beide auseinander getrieben. Der Maschinist, dem 50 M. extra versprochen waren, wenn wir in 24 Stunden Nusa erreichen würden, gab sich die ganze Nacht hindurch redliche Mühe; aber kaum setzte die Maschine an, so blieb sie nach wenigen Minuten – knacks! – wieder stehen.

Abb. 2: Abschied in Matupi

Dazu ist von den frisch angeworbenen Jungen ein Schwächling, der keinen Reis essen kann – und Erdfrüchte sind jetzt am Ende einer langen Trockenperiode nicht aufzukaufen gewesen – an Entkräftung gestorben: ein böser Anblick für die Anderen, die in eine ungewisse Zukunft gehen.

Endlich hat mich selbst ein Rückfall alten Tropenfiebers gefasst, das mich 5 Monate lang verschont hatte. Es ist ja nicht gefährlich, nur 39,3 °, aber auf so einem Schaukelschiff, unter Deck in schmaler Koje bei Bilgegestank zu liegen und eine Mischung von Fieber, Seekrankheit und Katzenjammer über sich ergehen zu lassen, ist doch ein Elend, dass es einen alten Hund jammern könnte. Ich werde tüchtig Chinin nehmen, und zwar unter die Haut gespritzt, denn der Magen verweigert die bittere Gabe doch. [7]

Nusafahrwasser, 17.XI.02.

Auf Regen folgt Sonnenschein, auf Fieber guter Appetit, und die Kaffeemühle geht wieder regelmässig.

Gestern morgen bogen wir in den Albatross Canal, kamen glatt durch die Enge von 100 m und sahen Nusafahrwasser von Segeln belebt wie einen heimischen Hafen bei uns. Bei Kaboteron ankerte die „Senta", ein Schuner der Neu Guinea Compagnie, westwärts dampfte zur Stephensstrasse der „Johann Albrecht" hinaus, den der Kolonialwitz „ship langsam" nennt, im Osten lag das alte brave Vermessungsschiff S.M.S. „Möwe" vor Anker. Ein Lugger unter englischer Flagge, die „Gloria" der Hamilton pearl fishing Compagnie, wurde von uns überholt, einige Handelsboote schossen vorbei, und am Horizont blitzten kleine weisse Segel auf, mit denen die Canus der Eingeborenen hier ausgestattet sind.

Abb. 3: Lugger im Nusa-Fahrwasser

Um 10 Uhr warfen wir in Nusahafen Anker. Alle Farbigen, die nicht unmittelbar zum Schiffsdienst gehören, wurden ausgeschifft, um auf Land und an Cocosnüssen sich zu erholen; die geringfügige Ladung gelöscht, und wir Europäer theilten uns in zwei Parthien, deren eine eine Einladung zu einem Piknik annahm, das die Offiziere der Möwe auf Kaboteron veranstalteten, während die andere zum Verwaltungssitz Kewieng sich [8] übersetzen liess, um dem Districtschef Boluminski und seiner liebenswürdigen Gattin einen Besuch abzustatten.

Abb. 4: Distrikt-Chef Boluminski und seine Gattin

Dieser energische Mann, der sich 1894–97 unter von Hagen die Sporen verdient hatte, gehört zu den erfolgreichsten Beamten im Kolonialdienst. Mit einem umsichtigen Organisationstalent verbindet er eine glückliche Methode, Eingeborene zu behandeln, so dass es ihm trotz beschränkter Etatsmittel innerhalb zweier Jahre gelungen ist, 430 ha als Domäne mit Cocosnussbäumen zu bepflanzen, 150 km Fahrweg an der Ostküste Neu Mecklenburgs entlang zu legen und eine Station mit umfangreichen Gebäuden aufzuführen, deren behaglichstes sein eigenes Heim ist. Diese Leistungen werden auch von allen Seiten anerkannt, und um ihretwillen wird dem Districtschef von den Ansiedlern manche Strenge und Schroffheit nachgesehen, die in anderen Kolonien als die Auswüchse [9] eines unproduktiven Bureaukratismus schwer empfunden werden.

In dem gastlichen Hause Bolu's, wie den gestrengen Herren seine Kameraden aus früherer Neu Guinea zeit noch nennen dürfen, wurden wir gleich zum Frühstückstisch dabehalten und auch zum Abend wiedereingeladen. Als Hausgast weilte dort mein Landsmann vom Bord der Möwe, Oberleutnant Geidies, dem Kränklichkeit einen Erholungsurlaub verschafft hatte.

Heute morgen wurde die Abreise etwas hastiger betrieben, als wir erwartet hatten, so dass uns kaum Zeit zum Abschiedsbesuch bei Boluminskis und zu einer kurzen Visite bei der Familie Fringgs blieb, die auf der Insel Nusa – Handelsstation und Cocospflanzung der Firma Hernsheim – ihr Heim hat. Das that uns um so mehr leid, als wir die freundliche, schöne und kluge Gattin in Matupi im gastfreien Hause ihres Bruders Max Thiel wochenlang kennen und verehren gelernt hatten.

Gegen Mittag wurden die Arbeiter wieder an Bord genommen, Maschine angesetzt und Anker gelichtet. Um 3 Uhr kam wir an S.M.S. Möwe vorbei: natürlich gab es dort noch schnell einen letzten kühlen Abschiedstrunk für den scheidenden Wahlen, ein letztes Händedrücken, Zuwinken, und von Ferne noch den Flaggengruss TDL „glückliche Reise", worauf wir XOR „danke bestens" zurücksignalisierten. Um 4 Uhr passierten wir die Pinasse der Möwe, die bei Lelemus {Leleimnus} das Fahrwasser auslhotete.

[10] Im Nu war sie längsseits, Ob.lt. Wieting am Fallreep in die Höhe, ein letztes Glas Bier, ein paar Flaschen der Mannschaft hinuntergereicht; „adieu, adieu – auf Wiedersehen in Deutschland!". Wieting setzte mit einem Sprung wieder hinunter, und mit dem losgeworfenen Ende war für uns das letzte Band mit der jungen Kultur des bisher erschlossenen Schutzgebietes gebrochen – wir gehen als Pioniere in neue Lande, zu den „westlichen Inseln".

Vor Manus (Admiralitäts Inseln), 19.XI.02.

Es ist an der Zeit, sich an Bord der Gazelle umzusehen, und das Leben auf sechs Wochen Seefahrt einzurichten.

Der in San Francisco 1900 gebaute Doppelschuner von 151 tons führt Gross-, Gaffel-, Stag-, Fock-, Klüver-, Butenklüver-, Gaffeltop- und Fischermannsstagsegel. Er hat eine Hülfsmaschine zu 60 P.S. mit auskoppelbarem Schraubenschaft. Mittschiffs führt eine Luke in den grossen Laderaum, achter ist unter Deck die kessellose Maschine, dahinter die geräumige Kajüte gelegen, in der ausser 3 Kabinen für die weisse Besatzung noch 3 für Passagiere sich befinden; Promenadendeck und dgl. fehlen. Über die Luke ist der Schatten unter dem grossen Sonnensegel den Arbeitern angewiesen, am Vordermast haben die Chinesen einen kleinen Cajütenaufbau. Unter der hohen Back [11] sind Kombüsen und Verschläge für die farbige Schiffsbesatzung. Ausser dem Kapitän sind nur ein Bootsmann und ein Maschinist Weisse, alle andere Arbeit verrichten 15 Schwarze und 2 Chinesen.

Abb. 5: Skizze des Schiffes Gazelle

Kapt. Niemann ist nicht mehr jung, in seinen schwarzen Bart mischen sich Silberfäden, und in der Heimath erwarten ihn Weib und Kinder, von denen er gern spricht. Er ist von unverwüstlicher mecklenburgischer Ruhe, dabei freundlich und gutem Scherz nicht abgeneigt. Ich habe ihn früher einmal bei einer leichten Havarie beobachtet, als die Maschine nicht anspringen wollte, wie der Anker schon hoch war, so dass die Gazelle auf den Bug eines anderen Schiffes auftrieb. Während drüben ein junger Kapitän fluchte und kommandierte, liess Kapt. Niemann kaltblütig Anker wieder auswerfen und wartete, bis die „eklige Kaffeemühle" in Gang war. Der Maschinist Wolff – wir haben so viele Wölfe im Schutzgebiet, dass man die Heulerei bis nach Deutschland hört – ist jung und ehrgeizig, der Bootsmann Hector ein stiller Schotte, der ruhig seine Pflicht thut. Die Herren Schiffsjungen sind meist stramme Salomons Insulaner aus Buka oder Bougainville, viele schon jahrelang in Diensten von Weissen, einer – Goho – mir aus Friedrich Wilhelmshafen bekannt, wo er 1896 Polizeisoldat war.

Die besten Kabinen an Bord hat man uns Passagieren eingeräumt. Ausser Wahlen und mir, die wir uns seit unserer gemeinsamen ersten Ausreise in die Südsee im Februar 1895 kennen, ist noch „Papa" Hellwig mit, 41 Jahre alt, gutmütig und wohlgenährt, seines Zeichens wissenschaftlicher Sammler für die Firma Hernsheim. Er war auch schon Hotelwirth, Pflanzer, Trader, Wildschweinjäger, Fabrikbesitzer, Hausierer, Uhrmacher u.s.w. und wird von den Farbigen „master cuscus" genannt. Das soll nicht einen gefrässigen Baumbären (cuscus ursinus, orientalis, maculatus usw.) bedeuten, sondern [12] aus dem samoanischen fusifusi = Schreiber, Kaufmann entstanden sein, in dem unsere Kanaken ein f nicht aussprechen können. Er selbst freilich meint, es käme vom Bukawort kuskus = schön her, ebenso wie sich ein bekannter Officier der Schutztruppen gerne bana mzuri = der schöne Herr nennen lässt, obwohl Sprachkenner eine etwas abweichende Etymologie geben.[1] ([1] Interessenten mögen nachlesen bei C. Velten: Über Beinamen im Kisuaheli).

Die Hauptpersonen an Bord aber sind die boys, die persönlichen Diener. Wie sollte Wahlen auch in Maty[2]-Insel ([2] Das diese Schreibweise richtig ist, wird im Archiv für Ethnologie auseinandergesetzt) freundlich aufgenommen werden, wenn er nicht

Jonny bei sich hätte, den vor einem halben Jahr ein Händler von dieser Insel nach Matupi gebracht hat, wie würde Hellwig je das verlegte Pincenez oder die Cigaretten wiederfinden, wenn nicht der freche Mamatas dafür aufpasste? Wie würde ich selbst mich in der göttlichen Unordnung meiner Koffer und Kisten je zurechtfinden, wenn mir nicht Sisao kichernd das verlangte Buch, die gesuchte Photographie anbrächte? Und kämen wir Alle zu einer kühlen Flasche Bier oder zu dem mit Recht so beliebten Whisky-Soda ohne Biam, den Häuptlingssohn von Manus, der brummig und polternd mit dem Schlüsselbund herumrasselt, ein richtiger Cerberus vor der Getränkekammer.

Hausjungen sind immer speckrund, meist vergnügt, und dürfen sich als unbezweifelbare „Perlen" sehr viel herausnehmen. Als mein Boy neulich von Dr. Wendland im Scherz aufgefordert wurde, mir nicht mehr zu trinken zu geben, da ich sonst „longlong" (= verrückt, betrunken) würde, antwortet der naseweise Bengel: youself longlong already long time! – Nette Erziehung.

[13] Von dem Gros der Wahlenschen Arbeiter, die sich auf Luke und Back herumdrücken, ist nur noch die einzige Familie an Bord zu erwähnen: der chinesische Koch Ah yeng mit seiner malayischen Frau und zwei Kindern. Vor 7 ½ Jahren hatte ich ihn aus Singapore importiert, bei den verschiedensten Herren hatte er sich unter zunehmenden Schwierigkeiten, die seine hungrige Familie machte, in Neu Guinea herumgeschlagen; in seiner jetzigen Stellung bei Wahlen, dem es auf einige Mitesser mehr nicht ankommt, wird er ohne Sorgen leben können. –

An Bord eines Segelschiffes, und wenn es auch eine Hilfsmaschine hat, ist das Leben und Treiben doch ganz anders als auf einem grossen Passagierdampfer, wie ich es bisher kennengelernt. Die guten Vorsätze von Zeitausnutzen und Stundenplan, mit denen

ich Nusa verlassen, sind bald zu Schanden geworden. Mit Tagesgrauen wird Jedermann aufgepuert, um der Grossreinemacherei
Platz zu machen. Zum Trost giebt es eine Tasse heissen Kaffee.
Dann kann man sich im Schlafanzug barfuss auf Deck aufhalten,
etwaige Kranke nachsehen, sich eine Pütze Seewasser als Bad
über den Schädel giessen lassen (Gott sei Dank: Damen sind nicht
an Bord), durchs Fernrohr nach Land ausspähen u. dgl. Um 8 Uhr
ist Frühstück: Speck und Käse zu sehr gutem Brot, Reis mit Curry
und – vorläufig noch – Bananen und Ananas. Danach wird es auf
Deck so heiss, dass man in die Kajüte flüchtet und dort liest oder
schreibt oder Photographien kopiert, oder Skat spielt, solange der
Seegang solche Beschäftigung erlaubt. Gleich nach 12 Uhr wird zu
Mittag gespeist, dann bis 4 Uhr geschlafen. Wenn sich nun der
glühende Sonnenball senkt und mit wundervollem Farbenspiel
ins Meer taucht, wenn täglich später der Mond [14] blutroth hoch-
kommt, und aus Cirruswölkchen die Sterne blinken, dann sind
die schönsten Stunden des Tages gekommen. Langstühle werden
auf die Luvseite gestellt, Getränke in Salpeter kühl gemacht und
mit Geplauder und Lektüre vergeht die Zeit, vom Abendessen
kurz unterbrochen, bis die boys die Betten auf Deck bringen, wo
es sich, solange es nicht regnet, so herrlich schläft, wie nur je auf
der afrikanischen Steppe. –
Wir haben vorgestern Nusahafen nach Süden verlassen, sind
durch Nusa Fahrwasser und Stephenstrasse hinausgedampft,
nachts an der Südküste Neu Hannovers vorbei, gestern früh nördlich von den Portland Inseln. Tags über war kein Land in Sicht,
leichte Brise aus WSW, abends Regenböen aus NW, nachts wieder
mit Mondschein klar. Heute früh kam die östlichste Insel der Admiralitätsgruppe, „la vandola" in Sicht, bei frischer SWbrise passierten wir sie am Vormittage, die Insel „Jesus Maria" nachmittags, beide an Steuerbord. Einige von der letzten Insel sich

loslösende Kanus mit winkenden Eingeborenen wurden nicht beachtet, zum Kummer Hellwigs, dem die ersten Ethnologika so entgangen sind.

Ein neu angeworbener Junge aus dem Inneren von Bougainville, der gestern Fieber um 40 ° hatte, ist heute gestorben. Es sind noch etwa 4 ganz ausgemergelte Individuen an Bord, die bei der ersten dazwischenlaufenden Krankheit eingehen werden, ohne dass bei dieser „Veterinärpraxis" an Hülfe zu denken ist. [15]

Vor Komuli, 20.XI.02.

Gestern liefen wir noch am späten Abend in den St. Andreas Hafen ein. Es ist ein gewisses Risiko, im Dunkeln sich in diesen ungenau kartierten, weder ausgebojten noch befeuerten Gewässern zurecht zu finden. Kapt. Niemann war schon drei Male am Tag hier gewesen; darauf wagte er es auch in der Nacht, und gab uns Gelegenheit, seine Kaltblütigkeit zu bewundern. Kurz vor der Violet Insel nämlich, bei der Untiefe von 2 Faden, die unserem 9 Fuss tief gehendem Schiff gleichgültig sein konnte, rief der Junge im Ausguck: „a rif a rif!". Sofort liess der Kaptain das Ruder hart Steuerbord legen, schimpfte über den dummen Kanaken, auf den kein Verlass sei (so überzeugt war er von vornherein über die Richtigkeit seines Curses) und sprang selbst nach vorn auf die Back. Sogleich rief er auch zurück „Luv! aufluven!" worauf [16] wir den alten Kurs wiederaufnahmen: ein Schaumstreifen hatte ein Riff vorgetäuscht. Die gefährlichste Ecke kam aber erst kurz vor dem Ankerplatz, wo allerwärts Riffe und Steine liegen. Die Segel waren fallen gelassen, da setzte die Maschine aus, ruckte wieder an und holperte unregelmässig so eben noch bis Komuli, der Station der Hamilton Pearlfishing Compagnie, hin. Als wir endlich vor Anker lagen, waren wir doch froh, und der brave

Kapitän forderte zu einem Hafentrunk auf, den er selbst wohl verdient hatte.

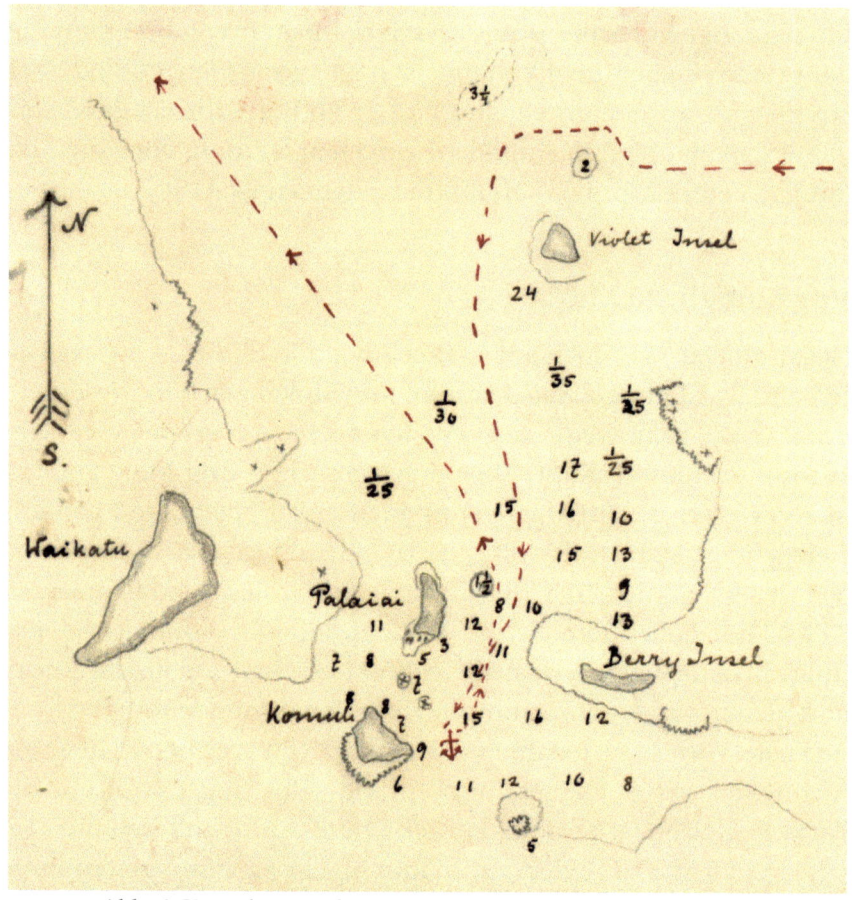

Abb. 6: Kurs der Gazelle im St. Andreas Hafen am 19.11.1902

Heute morgen bot sich bei Tagesanbruch ein trauriger Anblick. Der Wind, welcher die Nacht hindurch sich südlich gehalten hatte, wehte mit Regenböen steil aus N.W., die grösseren Inseln am Horizont waren wolkenbehangen und die kleineren sahen aus wie dünn bewaldete Sandbänke. Auf Komuli erhebt sich ein Wellblech gedecktes Häuschen und einige Schuppen aus trockenen Palmblättern, dorthin wurde, so oft die Regenschauer es erlaubten, die Ladung an Reis und Stückgütern gelöscht und Trepang und Perlmutterschalen an Bord genommen.

Papa Hellwig und ich liessen uns nach Palaiai übersetzen, wo ein verlassenes Pfahldorf unsere Neugier anzog. Die umwohnenden Eingeborenen sind nach der Insel Jesus Maria übergesiedelt, nachdem sie Jahre lang die Station bedroht und befehdet hatten; bei einem Überfall 1899 ist der Händler Metzge erschlagen worden. Wir waren gerade beim Öffnen einiger Cocosnüsse beschäftigt, als ein Kanu auf die Insel zugerudert kam, acht Kerle schnell ans Ufer sprangen und einer in Hüfttuch und Mütze, den Speer in der Hand auf mich zukam: „you save me? me come look you!" Ich versicherte, dass ich mich seiner erinnere, und allmählich dämmerte mir auch auf, dass der Mann [17] – Gomes – früher Arbeiter in Matupi gewesen war, und mich mehrmals im Boot gerudert hatte. Er wollte Mr. Wahlen sprechen und ihm klagen, dass vor einiger Zeit sein Landungsversuch auf Komuli mit Flintenschüssen verhindert sei. Das schien mir im ersten Augenblick eine Australier-Brutalität zu sein, bis ich an Bord von Wahlen belehrt wurde, dass nur durch „Tabuierung" der Station Blutvergiessen verhindert werden könne.

Mit einigen Stangen Tabak wurde die alte Bekanntschaft neu besiegelt, dann fuhren jene zur Gazelle und ich sah mich weiter auf der Insel um, um einen hohen Baum zu suchen, dessen merkwürdig rothe Blüthen mir von weitem zugeleuchtet hatten. Als ich darunter stand, waren es statt Blüten nur herbstrothe Blätter. Mein Sisao erklärte, es sei „dălī", d. i. inocarpus edulis, dessen Nüsse genossen werden und dessen Holz in Neu Guinea einen Exportartikel bildet. Ngasai nannte den Baum auf Yabim „tălī", der hier in der Nähe einheimische Biam „nălĭd" – drei Lautgebilde, deren Verwandschaft ins Ohr fällt.

Abb. 7: Verlassenes Pfahldorf auf der Insel Paliai

Ich schickte Sisao über die wackligen Laufhölzer in die verlassenen Hütten, wo er neben einigen verrotteten Netzen und zerbrochenen Töpfen eine schöne ¾ m hohe Holzfigur fand, die sorgfältig in Bananenblätter gewickelt war. Triumphierend zog ich damit zu Hellwig, der vor dem mittlerweile nieder prasselnden Regenschauer sich in die Ruine eines Copraschuppens zurückgezogen [18] hatte. Da hockte der biedere Ethnograph auf einem Haufen Nussschalen und las den „Generalanzeiger für Halle und den Saalekreis", als ob er daheim im Sorgenstuhl sässe. Mein Fund erregte seinen Neid, und richtig: er entdeckte in einer anderen Hütte noch einige für den früheren Besitzer offenbar werthlose Gegenstände, die er an Bord sorgfältig etikettiert und unter N. 1, 2 und 3 „hölzerne Beilstiele aus Palaiai" umständlich in seine Listen eingetragen hat.

Westlich der Admiralitäts-Inseln, 23.XI.

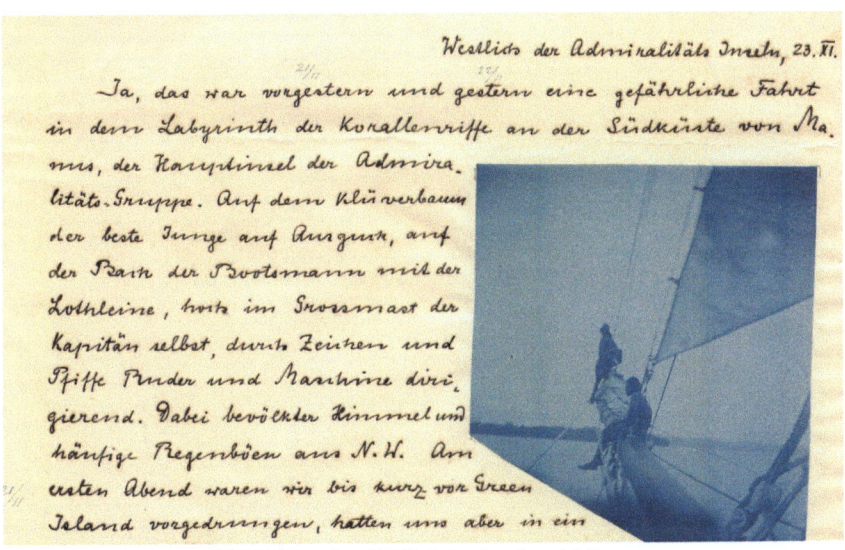

Abb. 8: Vor der Südküste der Insel Manus

Ja, das war vorgestern und gestern eine gefährliche Fahrt in dem Labyrinth der Korallenriffe an der Südküste von Manus, der Hauptinsel der Admiralitätsgruppe. Auf dem Klüverbaum der beste Junge auf Ausguck, auf der Back der Bootsmann mit der Lothleine, hoch im Grossmast der Kapitän selbst, durch Zeichen und Pfiffe Ruder und Maschine dirigierend. Dabei bewölkter Himmel und häufige Regenböen aus N.W. Am ersten Abend waren wir bis kurz vor Green Island vorgedrungen, hatten uns aber in ein Gewirr von Riffen verfahren, dass wir vor Einbruch der Nacht keinen Ausweg finden konnten. Überall fielen die Wände der Korallen steil ab, eintönig klang es [19] „20 Faden – kein Grund!", bis gerade bei Sonnenuntergang 17 Faden, 18 Faden, 16 Faden gefunden wurde, und „fallen Anker" als ersehntes Kommando vom Mast herab tönte. Wir lagen nun sehr sicher für die Nacht in einer Bucht, von der wir rückwärts Patrick Insel in S42E, die Ostecke von Manus in N77E, vorwärts Buke in S47W, Green Island in WSW peilten; ein markanter spitzer Berg auf Manus lag dicht vor uns in S87W.

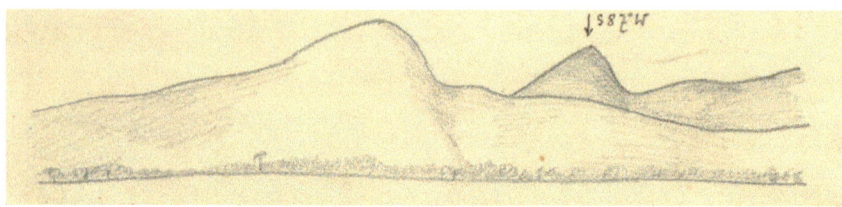

Abb. 9: Berge südlich auf der Insel Manus

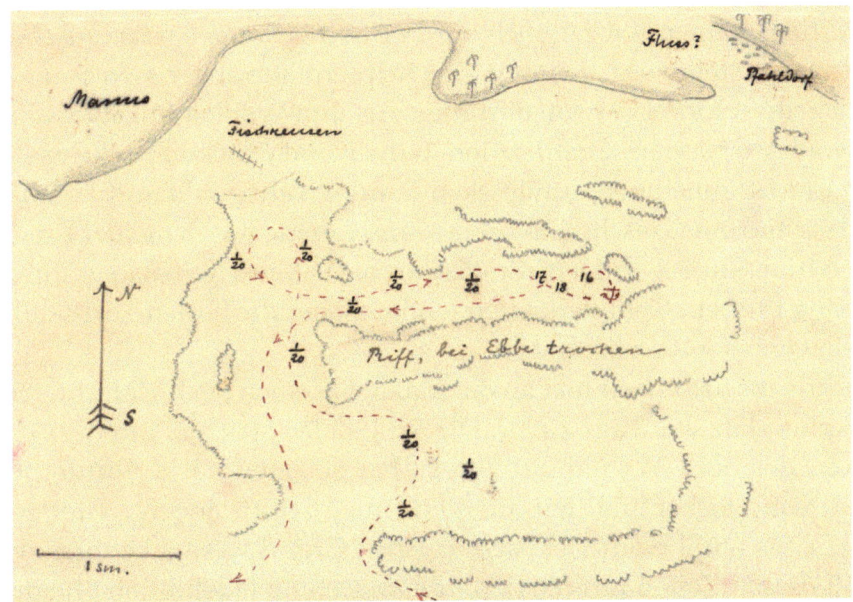

Abb. 10: Kurs der Gazelle südlich der Insel Manus

Der gestrige Tag brachte noch mehr Aufregung. Wir hatten Hillypoint eben hinter uns, ziemlich ruhiges, sichtiges Wetter, und der Kapitain hatte sich aus seiner luftigen Höhe heruntergelassen, um zu frühstücken, als die zahlreich auf der Back stehenden Jungen etwas Unverständliches zu schreien begannen, und 6 Hände [20] nach links, 8 nach rechts wiesen. Goho, der am Ruder stand, drehte unsicher das Rad 1 ½ mal links und 2 mal rechts herum, so dass der Kurs derselbe blieb – da: ein leises Scharren unter dem Kiel, ein ganz leichter Rucks, und fest sassen wir. Ich sah nach der Uhr: 9^h25^m. In einer Minute stand die Maschine, in 4 Min. ging sie rückwärts, nach 8 Min. wurden alle Leute aufs Heck beordert, um 9^h35^m kam das Schiff los. Wir hatten eine Schiffslänge auf einem kleinen blockartigen Riff gesessen; anscheinend war nur der Kiel in verästelte, bröcklige Koralle gedrungen. Schon 7 Stunden später war der Schaden repariert, ja, so fix geht das hier in der Südsee.

Mittags kamen wir nämlich zur Perlfischerflotte; ein japanischer Taucher stellte fest, dass nur eine Kupferplatte abgerissen sei und nagelte sofort eine neue darunter. Als ihm Wahlen in gewohnter Noblesse 50 Mark Gratification in die Hand drückte, wollte er sie garnicht annehmen, schliesslich kam er verlegen damit heraus, dass ihm eine Flasche Gin lieber wäre. Gerade wie in meiner Kindheit im Kurischen Haff die Fischer an kalten Herbsttagen ihren Fang für kein Geld verkaufen wollten, aber die besten Lachse für ein Quartier Korn hergaben.

Übrigens hatten wir hier an der Malay Bai einen noch schlechteren Ankerplatz wie Tags zuvor. Die Riffe fielen steil ab, und der Anker, der bei NWwind auf 7 ½ Faden gehalten hatte, wurde bei SWwind locker, und wir mussten einige Schiffslängen weiter gehen, bis wir ihn auf 17 Faden in guten Grund werfen konnten. In all diesen Zeiten funktionierte die Maschine tadellos, erst heute, wo wir in freiem Fahrwasser schwimmen, erlaubt sie sich kleine Unregelmässigkeit, [21] die durch Auffüllen der Reservoire ausgeglichen wurden.

Während dieser Küstenfahrt von Komuli nach Malay Bai war der „officer in charge" der Taucherflotte, Mr. Schmidt, ein nur Englisch sprechender Deutsch-Australier zweiter Generation an Bord. Er erzählte unter Anderem von den mannigfachen Kämpfen, welche die kleine Flotte mit den „Wilden" zu bestehen gehabt hatte, und regte dadurch eine Gedankenreihe in mir an, die mir bereits vor Jahr und Tag gekommen war, als ich von den Gefechten hörte, welche die Ramu-Expedition zu bestehen gehabt hat. Solche Expeditionen ziehen mit Genehmigung, meist mit Unterstützung der Verwaltungsbehörden in noch nicht verwaltete, oft ganz unbekannte Gebiete. Sie wollen von den dort sesshaften Eingeborenen zunächst gar nichts, denn diese haben vom Werthe des Goldes, der Perlen, der zoologischen Sammelobjekte keine Ahnung.

Aber ein Wilder kennt keine gleichgültigen Fremden, er sieht ausserhalb seiner Sippe nur Feinde. Kommt aus dem Gebiet seiner Feinde ein Haufen Unbekannter, so greift er in der blassen Angst der ersten Aufregung zu den Waffen oder er flieht in furchtsamer Überlegung mit Habe und Familie in Zufluchtsorte. Die Expedition geht nur defensiv vor, schont Dörfer und Pflanzungen, zeigt durch Perlenspenden Wohlwollen, das dort missverständlich angenommen wird, wo ein Scharmützel mit dem Erbfeind bekannt geworden ist: die Gegner unserer Feinde möchten unsere Freunde sein. Unter gegenseitigem Misstrauen werden Ansiedlungen angelegt, rückwärtige Verbindungen für Proviantnachschub eingeleitet, es geht leidlich friedlich her, weil beide Theile, Expedition und Wilde, ohne jede Verständigungsmöglichkeit einander für feig halten. Und nun kommt allemal derselbe Anlass: die farbigen Arbeiter der Expedition, die irgend ein mal selbständig verwendet werden müssen, um eine Wegestelle auszubessern, oder einen Brief über See zu bringen, oder Proviant zu holen, diese fangen, im Besitz [22] von Schutzwaffen übermüthigen Trutz gegen die „Kanaka belong bush" an, plündern Plantagen, vergewaltigen Weiber u. dgl. Bei nächster Gelegenheit rächen sich die Kanaker mit einem Überfall; dann folgt ein Kampf aus Nothwehr, dann ein Strafzug, dann unter oft unnöthigem Argwohn offensive Taktik der Expedition und zum Schluss ist der permanente Kriegszustand fertig. Dann lässt wohl – wie es vorgekommen – ein Europäer, neben dessen Lagerstätte ein Pfeil aus dem Urwald saust, seine Schwarzen die umliegenden Dörfer plündern, oder ein Anderer – leider ist das auch als wahr mir erzählt – schiesst vom Boot aus Kanaker ab, um aus dem nahen Dorf Curiositäten sammeln zu können.

Von diesem System will ich keine human-sentimentale Jammerarie anstimmen, aber ich wage zu behaupten, dass der wirtschaftliche Schaden, insbesondere dadurch, dass ein solches Gebiet der Arbeiteranwerbung auf Jahre verschlossen wird, grösser ist, als aller Nutzen, der aus Gold und Perlen sich ziehen lässt. Da man aber mit Thatsachen rechnen muss, so fragt sich nur, wie lässt sich in solchen Gebieten Friede und Freundschaft wieder herstellen? Ich sehe zwei Wege, die womöglich beide zugleich aufgemacht werden sollten: Mission und Verwaltungsstation. Kriegsschiff-demonstrationen u. dgl. sind „für die Katze". Die Mission arbeitet langsam, oft einseitig; dass sie nicht zu entbehren ist, will ich ein andermal beweisen. Eine Station, wie sie in Nusa vorbildlich errichtet ist: 2–3 Weisse, 40–60 Farbige, kann nur da die grossen Ausgaben (100 000 M Anlage, 30 000 M Jahresetat) rechtfertigen, wo ein grosses Feld für Kolonialwirtschaft vor liegt. Der Ramu scheint auf Jahre keine Ausbeute zu versprechen, auf der Admiralitätsgruppe ist eine Station Bedürfnis. Das sagt im Schutzgebiet Jedermann, aber wer hat im Reichstag davon eine Ahnung?

[23] Auf dem Ankerplatz am Hillypoint bekamen wir Besuch von Manus-Eingeborenen. Am Abend kamen 5 Canus längsseits, am nächsten Morgen zählten wir 44, auf denen etwa 300 Leute, nur Männer, sassen. Sie waren durchaus friedlich und verhandelten gegen Tabak und buntes Zeug Speere, Leibgurte, Armbänder, Paddel, Löffel und an Lebensmitteln Fische, Taro, Sago, 2 Baumbären und ein Schwein. Es waren sehr kräftige Gestalten mit unverfilzt auseinandergekämmtem Kraushaar, Hüftschurz und viel Schmuck, richtige Papua. Eine Verständigung war nur in einigen Brocken Englisch möglich; ich griff aus ihrer eigenen Unterhaltung das mir von früher bekannte Manuswort matamalai = Sonne, entsprechend dem malayischen matahari = Auge des Tages und die Zahlworte von 1–10 auf, welche die Eigenthümlichkeit haben, 7 als „nimm weg 3", 8 ebenso „nimm weg 2", und 9 „nimm weg 1" zu bezeichnen.

Der Ethnograph Hellwig war in seinem Element, feilschte und schacherte sich ein Dutzend Curiositäten zusammen. Das beste Geschäft wurde durch einen Regenguss unterbrochen: da hockten die Leute auf ihren Kanus wie Hühner auf den Stiegen zusammen und hielten sich ihre Matten über dem Kopf, damit das schöne Wollhaar nur ja nicht nass würde.

Noch heute morgen hatten wir am Southwestpoint eine Strecke schwieriges Fahrwasser; seit wir aber Manus verlassen haben, geht es bei „fairem" S.E. mit 7 Meilen in der Stunde ins offene Meer hinaus. [24]

Abb. 11: Insulaner vor der Südküste der Insel Manus

Alacrity Hafen, Hermit Inseln, 24.XI.

In der Nacht flaute der Wind ganz ab, und da der Maschine, u. noch mehr dem Maschinisten Ruhe gegönnt werden musste, so kamen wir nur wenige Meilen vorwärts. Infolgedessen kam die c^a 500 Fuss hohe Hauptinsel der Hermit Gruppe, Luf, erst um 10^h 30^m in Sicht. Um 1 Uhr passierten wir unter Regenböen aus N.W. die Coeran-Passage in den Alacrity-Hafen und gingen bei der Insel Pémé vor Anker. Der Händler Petersen, von Geburt Däne, von Beruf Seemann, seit 1895 im Bismarck-Archipel, kam an Bord und meldete 12 t. Copra, ¾ t. Trepang und 30 t. Trochusshells ladefertig. Nach dem Mittagessen, das heute verspätet war, gingen wir an Land: eine ganz kleine Korallen Insel, von weiten Riffen umgeben, in der Mitte ein Sumpf – offenbar ehemals eine Lagune – etwa 300 Cocosbäume und allerlei Busch. Die Station besteht aus einem Europäerhaus mit sehr guten Nebengebäuden (Küche, Baderaum usw.) und mehreren Schuppen aus Eingeborenen-Material.

Zuerst wurden alle Arbeiter ausgeschifft und von mir untersucht: 17 wurden als krank ausgesondert; 2 schwer darmleidende halte ich für Todeskandidaten. Dann begannen die Löscharbeiten, die von der Hamilton Compagnie in Komuli verfrachteten Producte mussten auch an Land gebracht werden, um zu der eigentlichen Ladung, den Handelswaren Wahlens (50 tons), zu gelangen.

Freie Eingeborene leben auf Pémé nicht, 15 Arbeiter standen bisher der Station zur Verfügung. Jetzt kommen über 60 neu hinzu: damit soll zunächst die Station auf Maron gebaut, und auf den Riffen nach den zur Zeit hoch im Markt bewerteten Trochusshells gefischt werden. Später will Wahlen die Inseln systematisch mit Cocospalmen aufforsten. [25]

Alacrity-Hafen, 25.XI.

Die Löscharbeiten werden den ganzen Tag fortgesetzt.

Hellwig und ich liessen uns ein kleines Boot geben und von unseren Privatjungen unter Führung eines Lufinsulaners, Kwin, der gerade in Pémé arbeitete, nach Luf hinüberrudern. Es war Niedrigwasser, und die Riffe so flach, dass wir zwischen Luf und Tset festkamen, und einen grossen Bogen um die kleine Insel machen mussten.

Kurz vor 10 Uhr kamen wir bei dem Dorfe an. Eine Schar Männer und Frauen erwartete uns am Ufer; die meisten Männer trugen europäische Kleidungsstücke, Hosen, Jacken oder wenigstens Hüte, die Frauen dagegen hatten als einziges Kleidungsstück einen Schurz, an dem oben ein schildartiger Aufsatz befestigt war, der wie ein Leibpanzer aussieht, aber als Tasche benutzt wird.

Ein älterer Mann bot mir mit einem „morning!" die Hand und brachte mir in Erinnerung, dass ich ihn – und 3 oder 4 andere – vor einigen Monaten (im Mai) in Matupi gesehen hatte. Von allen Leuten gefolgt, schritten wir durch das kleine Dorf zum Versammlungshaus am anderen Seestrande. Die Plätze um die grossen Häuser waren reinlich, das Rathshaus geradezu eine geräumige kühle Halle. Viele Hunde, Kreuzungen von allerlei europäischen Rassen mit dem schakalähnlichen Südseehund, bellten umher, einige Schweine liefen in den Busch, aus der Ferne krähte ein Hahn.

Einer der ersten Eindrücke, die ich als neu registrierte, war der, dass die Leute weder scheu noch zudringlich waren. Es kommt nur [26] etwa alle halbe Jahr ein Schiff her und die Leute werden von der Station nicht verwöhnt, trotzdem wurde fast garnicht gebettelt.

Abb. 12: Der „alte" Dakada auf der Insel Luf

Dann richtete ich mein Augenmerk auf den allgemeinen Gesundheitszustand. Wie auf den westlichen Inseln die Bevölkerung rapid zurückgehen soll – angeblich infolge Geschlechtsleiden – so wird von den Hermits speciell erzählt, dass zur Zeit der Walfischfahrer und der Anfänge der Hernsheim'schen Unternehmungen, also bis in die 70er Jahre, Hunderte von Leuten hier gelebt haben, bis entweder eine allmähliche Durchseuchung der Bevölkerung eingetreten, oder eine Seuche mit hoher Sterblichkeit über die Inselgruppen gezogen sei. 1900 sind 63 Leute gezählt, im Juni dieses Jahres wurden sie auf höchstens 50 geschätzt.

Abb. 13: Visite auf der Insel Luf

Zeichen einer schweren Seuche sprangen nicht in die Augen. Ein Mädchen hat grosse – vielleicht luetische – Nasendefekte, aber sie war aus Ninigo erst vor Kurzem herübergezogen. Drei alte Leute haben Elephantiasis der Beine. Ein alter Mann zeigt Vitiligo. Etwa 6 Leute haben Beingeschwüre, wie solche in allen Eingeborenendörfern zu sehen sind. Aber ich sah weder Krüppel noch Verstümmelte, keine Pockennarben, keine Framboesie, Ringwurm oder Tinea. Auffallend war, dass keine Säuglinge zum Vorschein kamen; das jüngste Kind mochte 5 Jahre alt sein. Mit gewissem Vorbehalt – denn zu leicht beeinflusst das Gehörte die Beobachtungen eines kurzen Besuches – möchte ich den Eindruck wiedergeben, dass das Gehaben der Leute so indolent, [27] ihre Bewegungen so unelastisch waren, als ob eine grosse seelische Müdigkeit auf ihnen lastete.

Nach der Methode, die ich mir in Neu Guinea für hygienische Untersuchungen gebildet habe, begann ich mit einer Volkszählung von Hütte zu Hütte. Etwa 6 Männer konnten gutes Pidgeonenglish, darunter der alte Dakada, der in Matupi gewesen war. Ich zählte 52 Namen, konnte aber noch nicht sicher konstatieren, ob ich alle Träger derselben wirklich einzeln gesehen, oder, wie es bei Wilden ebenso geht wie zu Hause, zwei Namen einer Person getrennt aufgeführt, also doppelt gezählt hatte.

Abb. 14: Während der Volkszählung auf der Insel Luf

Gleichzeitig suchte ich möglichst viel von der Sprache zu erhaschen. Aber ich kam nicht über das erste Stadium solcher Fragereien, das Benennen konkreter vorgewiesener Gegenstände, hinaus. Wenn man dann die Worte nachspricht, so lacht die ganze Bande auf, und das kann Tage lang so gehen. Dann kommt als zweites Stadium, dass diejenigen Eingeborenen, die kein Pidgeonenglish können, ab und zu Etwas in ihrer Muttersprache erzählen, worin abstrakte Worte deutlich erkennbar sind. Erst spät, oft nach Wochen erst, dämmert es einem Intelligenten auf, dass er nicht antworten, sondern übersetzen soll, dass er auf meine Frage. „me you two fellow drink" nicht erwidern soll „wai boi" = „es ist kein Wasser da", sondern übertragen: „taxu enum wai" = „wir zwei essen Wasser". Damit ist dann der Schlüssel zum Studium der betreffenden Sprache gefunden, aber er funktioniert nur langsam und schwerfällig. Jedes Naturkind ist denkfaul und [28] erklärt nach wenigen Minuten des Übersetzens, dass es genug sei, – bei Friedrich Wilhelmshafen heisst das „aik isos" = „mein Kinn thut weh", und wenn man zu viel in seinen Dolmetscher dringt, so verstockt er sich und macht schliesslich gar keine, oder, was noch schlimmer ist, falsche Angaben. So habe ich einmal aus dem Dorf Mis am Hansemannberg mitten in die Conjugation des Futurums von „sehen" einen Ausdruck „da kur murina" zugerufen bekommen, der „ich will die Frau sehen" bedeuten sollte, aber gar nicht in den Stamm -pi- = „sehen" hineinpasste. Später ging ich diese Aufzeichnungen mit meinem Boy Sisao durch, der verwandschaftliche Beziehungen zu Mis hat; bei diesem Wort lachte der Bengel auf und erklärte, dass hiesse „ich sag's ihm doch nicht!" So kann man mit dem schönen „wissenschaftlichen" Material arg hineinfallen.

Zur Blutentnahme u. dgl. habe ich mich heute noch nicht entschliessen wollen, um die Leute nicht kopfscheu zu machen, sondern bin am frühen Nachmittag mit Hellwig wieder an Bord gefahren; am Ufer standen die Lufleute und winkten, was offenbar bedeuten sollte: „kommt bald wieder und bringt viel Tabak mit!" [29]

Abb. 15: Luf-Insulaner beim Abschied

Vor Maron, 27.XI.

Gestern morgen waren die Löscharbeiten schon so früh beendet, dass wir um 11 Uhr Anker hieften, mit der Hülfsmaschine aus Alacrity-Hafen nördlich um die Wallriffe herum westwärts zur Monofe-Durchfahrt und dann südlich zur Hyänedurchfahrt zwischen Luf und Arkeb, und endlich um die letzte Insel herum vor die Südspitze von Maron fuhren, wo wir um 1^h30^m auf 25 Faden, eine Kabellänge vom Ufer vor Anker gingen.

Wahlen zeigte eine kindliche Freude, nun zu seinem „Regierungssitz" zu gelangen, und riss uns Alle mit seiner Fröhlichkeit fort. „So zu denken, das ist Alles mein! Jedes Sandkörnchen gehört mir. Hören Sie den kleinen Vogel pfeifen? Der gehört mir auch!" „Ja, ja" unterbrach der alte Hellwig ganz trocken diese Ekstase „'nen kleinen Vogel haben Sie auch!" – Diese Inselgruppe, die ihm ausser dem Reservat Luf ganz gehört, ist wirklich sehr hübsch, und er hat sie für ein Ei und Butterbrot bekommen. Es ist noch eine der Generositäten des früheren Gouverneurs von Bennigsen , dass er die Inseln nach einer runden Schätzung als 500 ha zu dem für unbebautes Land üblichen Preis für 5 M für den ha an die Firma Hernsheim verkauft hat (– so hörte ich –), obwohl, wie ich jetzt sehe, etwa 5000 tragende Cocospalmen darauf stehen, deren jede mindestens 10 M werth ist. Wie viel Wahlen an Hernsheim hat zahlen müssen, sagt er nicht; ich vermute 12–15000 M. Wenn man Land, Palmen und Meeresproducte zusammennimmt, so kommen mehr als 50000 M heraus, und in 10 Jahren wird der energische Besitzer diesen Werth – durch Cocospflanzungen – verdoppelt und verdreifacht haben.

Alsbald gingen wir an Land. Noch stehen Palmen [30] und Busch urwüchsig bis an den Strand hinan, und nur ein kleines Bambushäuschen, im Schatten der Bäume versteckt, zeigt den Platz an, wo sich eine grosse Station mit weit in die See ragender Pier in

Jahresfrist erheben soll. Sein Wohnhaus will Wahlen auf den Hügel hinaufbauen, den dazwischen liegenden Sumpf durch Gräben und Windmotore entwässern und die Insel in einen Park verwandeln. Ja, das sind weitschauende Pläne!

Während die Löscharbeiten – meistens Baumaterial – sofort begannen, liess ich mich von Kwin quer über die Insel zu dem Dorf Maron führen, und traf dort die Leute, eben vom Fischfang heimgekehrt, vollzählig an. Der „Häuptling" Morad war mir als intelligenter Mann genannt, der als Matrose für Hernsheim bis Sydney gekommen ist. Ich fand meine Erwartungen eines guten Dolmetschers noch übertroffen: ein so gescheiter, williger Übersetzer ist mir in der Südsee noch nicht vorgekommen. Die „Volkszählung" gelang sofort, sogar Verwandschaftsgrade konnte ich aufzeichnen, und für mein sprachliches Ausfragen erhielt ich die sonst so schwer zu erkundenden Personalpronomina des Dual und Trial. Beiläufig konnte ich erfahren, dass die Leute noch je eine grosse und eine kleine Trommel besitzen, wie sie die jetzige Generation gar nicht mehr anfertigt. Hellwig, der auch nachgekommen war, glückte es, Bogen und Pfeile zu erwerben, die anscheinend ethnographisch für die Hermit Inseln noch nicht nachgewiesen sind.

Auch fand ich einen Fingerzeig für die Aussterbefrage. Es herrscht auf Maron eine geradezu schamlose Ausübung des Geschlechtsverkehrs, so dass die Insel ein Bordell darstellt. Nicht nur unter einander huldigen die Leute der freien Liebe, [31] auch allen Fremden, die kein Mittel der Verständigung als Zeichen haben, bieten sich die Weiber an. Man sollte meinen, dass bei derartiger Sittenlosigkeit, bei dieser beispiellosen Nichtachtung ehelicher Treue eine Vermehrung der Familie schwer vor sich gehen kann. Aber ganz ähnliche Gebräuche herrschen auf den Carolinen, und zwar vor dem sittenverderbenden Einfluss der Walfischfahrer, ohne dass von dort ein richtiges Aussterben der „liebenswürdigen" Bevölkerung berichtet würde.

Der heutige Tag brachte Ergänzungen des gestrigen. Als Abschluss der Beobachtungen brachte Atmo, den ich zur Nacht an Land gelassen hatte, heute früh sechs Anopheles an. Das wird eine böse Geschichte für Wahlen werden, dass er Station und Wohnhaus bei Anophelesbrutstätten aufschlägt: über kurz oder lang ist ihm die Malaria sicher!

Abb. 16: Fünfzehn Maron-Insulaner

Auf offener See, 29.XI.02.

Das waren noch zwei interessante Tage!

Gestern früh fuhr die „Gazelle" wieder durch die Hyänedurch-fahrt nordwärts, blieb aber in der Lagune und ging westlich von Pémé, nicht im Alacrityhafen, vor Anker. Beim Passieren von Luf liess der Capitain stoppen, ich stieg mit Ngasai und Sisao in das Dinghi und fuhr zur Insel hinüber. Wir wurden still aber freund-lich empfangen. [32] Den sonnenklaren Vormittag benutzte ich zu einem Ausflug auf die höchste Erhebung von Luf, die etwa 150 m beträgt. Unterwegs thauten die Leute etwas auf, schwatzten, rauchten und stimmten zuweilen einige Takte Gesang an. Der Weg war anfangs ausgetreten, vom zweiten Hügel ab aber so ver-wachsen, dass die Leute selbst ihn verfehlten und wieder suchen mussten. Unterwegs wurde, auf dem ersten Hügel, ein ehemals geklärter Platz als Wohnstätte eines dort auch gestorbenen Euro-päers bezeichnet, dessen Namen ich nicht verstand. Flüchtig zog der Wunsch durch meine Seele, hier mich für einige Jahre anzu-bauen, um Sprachen, Sitten und Sagen dieses Volkes zu erkunden, ehe es ganz ausstirbt. Aber wann werde ich den Muth finden, solch ein schönes Abenteuerleben zu beginnen, wie es vor mehr als dreissig Jahren Miklucho-Maklay vorgemacht hat, zugleich Naturkind zu spielen und der Wissenschaft zu dienen?

Der endliche Abstieg nach Norden war steil und steinig, am Strande kamen wir durch eine durftige, kleine Taropflanzung. Für die zur Erfrischung alsbald herabgeholten Cocosnüsse wurde keine Bezahlung verlangt.

Um 11 Uhr wieder im Dorf angekommen, liess ich abkochen und holte den an Bord bisher oft vermissten Schlaf vier Stunden lang nach. Dann brachte ich mit einiger Mühe die ganze zur Zeit im Dorf anwesende Bevölkerung zusammen, um sie, Männer und Frauen gesondert, aufzunehmen, sie zu gruppieren und einigermassen ruhig zu halten, so dass ich jetzt (mit Maron) auf drei [33] Platten 15 + 22 + 28 = 65 verschiedene Gesichter habe, also schon mehr Leute, als vor 2 Jahren gezählt sind. Ausserdem sind mir noch mehrere namhaft gemacht, die abwesend waren, so dass die Gesamtziffer über 70 kommt.

Abb. 17: Achtundzwanzig Luf-Insulaner

Abb. 18: Zweiundzwanzig Luf-Insulaner

Ich entschloss mich, im Dorf zu schlafen, um Mücken zu fangen, und schickte Sisao mit 5 Leuten an Bord, um mir Lampe, Decken u.s.w. holen zu lassen. Aber ich hatte die Entfernung unterschätzt, die Leute kamen erst um 11 Uhr zurück. Es war ein schöner sternklarer Abend, aber die erwarteten Moskitos kamen weder dann, noch später; nirgends wurde ich gestochen, obwohl ich mit offenem Moskitonetz und ohne solches ihrer habhaft zu werden suchte.

Während das Boot weg war, beobachtete ich, so gut es bei der mangelhaften Verständigung möglich war, das Alltagsleben der Leute. Zuerst war ich bei Saun im Hause, dessen Komfort mich in Erstaunen setzte. Da waren Bänke, Bambusbettstatt, Matten, Borde, windgeschützte, [34] rauchabhaltende Feuerstelle; ausserdem von europäischer Herkunft Kisten, Anzüge, Löffel, Messer, Gabeln, Töpfe u.s.w. Saun war nicht gerade unfreundlich und erklärte mir für alles Geräth die einheimischen Namen, gab mir aber damit, dass er sich aufs Bett legte, und mich fragte, ob ich nicht bald schlafen wolle, zu verstehen, dass mein Besuch ihn wenig erfreute. So verliess ich ihn denn, und streifte weiter durchs Dorf. Nicht lange, so sah ich Saun bei Niëman vor dem Hause auf dem Vorbau sitzen und behaglich schmatzend essen. Er war zur Schweinesuppe eingeladen gewesen, und hatte nur Müdigkeit vorgeschützt, um mich los zu werden.

Endlich kam das Boot, und ich konnte im grossen Männerhaus zur Ruhe gehen.

Abb. 19: Großes Männerhaus auf der Insel Luf

[35] Heute morgen war ich doch recht zerschlagen vom harten Lager, und verzichtete auf die geplante Tour zu den Höhlen, in die sich die Eingeborenen in früherer Zeit in Tagen der Noth zurückgezogen haben sollen. Nur soviel Pflichtgefühl hatte ich noch, dass ich Blutpräparate entnahm. Einige Leute liefen weg, so dass ich nur 37 erhielt, darunter alle Kinder. Kein Mensch hatte Milzschwellung, auch nicht das jüngste Kind, mein kleiner Freund Bauniu, so dass es ausgeschlossen erscheint, dass hier Malaria herrscht.

Nach einigen Gastgeschenken an die beiden Grossleute Saun und Niëman und Tabak fürs Volk, fuhr ich in der Mittagshitze gegen Wind und Strom an Bord – wahrlich kein Vergnügen.

Um 4³⁰ pm haben wir Anker gehievt und sind durch ganz schmale Riffpassagen in den Alacrityhafen und dann aus der Lagune herausgefahren. Der starke Südostpassat, der merkwürdigerweise

jetzt Ende November seit 5 Tagen noch weht, lässt uns ohne Hilfsmaschine 6–7 Meilen Fahrt machen. Die Sterne funkeln am Himmel, und der alte Capitain liegt im Bewusstsein klaren Fahrwas-
sers gemütlich rauchend auf Deck im Langstuhl und plaudert
über die „gute, alte Zeit", als es noch wenig Dampfer gab, und die
Segelschifffahrt in Blüthe stand. [36]

Abb. 20: Der kleine Luf-Insulaner Bauniu

L'Echequier Inseln, Ninigo Lagune, 1.XII.02.

Die ersten Inseln der L'Echequier (Schachbrett) Inseln kamen gestern mit Tagesgrauen in Sicht; in weitem nördlichen Bogen mussten wir um die Ninigo Gruppe herum zur Einfahrt in die Lagune im Westen. Weit draussen kam uns im Boot der Händlers Jimmy Devlin entgegen, um – nach des Capitains Meinung ganz unnöthigerweise – als Lotse zu dienen. Um 9 Uhr gingen wir östlich der Insel Longan zu Anker und alsbald an Land zur kleinen Station, wo ich bis zur Abfahrt heute mittag blieb, nur zu den Mahlzeiten an Bord fahrend.

Abb. 21: Händler-Station auf der Insel Longan

Diese 24 Stunden gaben ein echtes Südseebild von dem Leben, wie es bei den Buccaneers und Walfischfängern üblich war. Denn aus dieser Zeit stammt der alte Jimmy, [37] seit 25 Jahren ist er draussen, ohne sein grünes Erin wiedergesehen zu haben, immer auf den abgelegensten Stationen hat er, meist für die Firma Hernsheim, „getradet", auf den Karolinen, den Hermits, einmal auch in Berlinhafen, und jetzt hier in Ninigo. Er hat die Schwester des Häuptlings zur Frau gehabt, und da hier Mutterrecht herrscht, so ist sein ältester Sohn „Thronerbe". Dieser John 10 Jahre und sein Bruder James 8 Jahre, sowie ein Töchterchen aus zweiter Ehe (nach dem Tode der ersten Frau auch mit einer Eingeborenen) sind sehr hübsche Halbblutkinder.

Was konnte Jimmy beim Glase Bier und Gin – den er allen Getränken vorzog – erzählen! Waren auch seine „Stories" mit unkontrollierbarer Phantasie ausgeschmückt, so fiel doch manche Bemerkung ab, die mir für meine Beobachtungen wichtige Fingerzeige gab. So erzählte er über die Art, wie Eingeborene leicht zu falschen Angaben getrieben werden, dass Dr. Thilenius vor 2 Jahren 3 Tage lang auf Ninigo gewesen und die ganze Zeit über mit Hülfe eines englisch redenden Eingeborenen eine alte Frau über Maty Insel ausgefragt habe, wovon diese vor Jahren mit Anderen auf einem Canu verschlagen gewesen war. Den Dolmetscher habe nun Thilenius dadurch vor den Kopf gestossen, dass er ihm einige Curiositäten gegen Jimmys Rath zu knauserig bezahlt habe. Daraufhin habe dieser im Einverständniss mit jener Frau dem Weissen „die Nase vollgelogen". Leider ist ein Buch von Thilenius über diesen Theil seiner [38] Reisen noch nicht zu Händen gekommen (wahrscheinlich noch nicht erschienen), so dass ich der Sache selbst nicht nachgehen kann. Aber eine Warnung ist es für die Beschäftigung mit Naturvölkern!

Des Weiteren nannte uns Jimmy als Zahl aller Echequierleute über 300. Es herrsche hier in den letzten Monaten auch vermehrte Sterblichkeit, aber sie beträfe alle Altersklassen. Denn in Ninigo zeuge die Bevölkerung noch Kinder, in den Hermits aber herrsche Kindesmord und Abtreibung der Leibesfrucht. Das war eine neue, erstaunliche Aufklärung. Ich drang weiter in ihn, in dem ich ihm vorhielt, dass eine solche Ungeheuerlichkeit, wie der Selbstmord eines Volkes einen genügenden, psychologischen Grund haben müsse, und zögernd kam er mit Folgendem heraus. Um das Jahr 1880 wurde ein Händler „Charlie" auf Luf von den damals etwa 600 Köpfe starken Eingeborenen ermordet. Die von mehreren Kriegsschiffen ausgeführte Strafexpedition tötete zwar nur zwei Leute, vernichtete aber sämmtliche Häuser und nahm alles Geräth und Werkzeug (damals noch viel Steinsachen) mit. Die so obdachlosen Eingeborenen mussten eine schwere Regenzeit im Busch und in Höhlen leben, und starben infolge Hungers und Kälte derart hin, dass alle Toten nicht mehr beerdigt werden konnten. Nach diesem grossen Sterben seien einige Jahre später 4 vollbemannte Canus, die zum Sklavenraub nach Ninigo gefahren waren, westwärts verschlagen. Nur eines sei in St. Davids angetrieben, er – Devlin – selbst habe die 8 oder 9 überlebenden [39] Schiffbrüchigen nach Luf heimgebracht. Dann habe sich die Ziffer der Bevölkerung auf rund 100 erhalten. Als aber vor einigen Jahren die beiden Oberhäuptlinge gestorben seien, ohne erwachsene und angesehene Thronerben (es soll dort Vaterrecht herrschen) zu hinterlassen, habe die Bevölkerung sich aufgegeben: „they wish to die out".

In diesen Angaben steckt ein Kern von Thatsachen, die ich jedenfalls, so gut es geht, nachprüfen will.

Jimmy ist nicht nur ein erfahrener Südseemann und freundlicher Wirt, sondern auch ein guter Händler und Pflanzer. Die

Schuppen waren voll Copra und Shells, und obwohl er nur 5 angeworbene Arbeiter aus Buka hat, so hat er doch die freien Eingeborenen von den Nachbarinseln so weit gebracht, dass sie in dem letzten halben Jahr etwa 40 ha geklärt und etwa 15 ha mit jungen Cocosbäumen bepflanzt haben.

Obwohl die Insel Koralle zum Untergrund hat, ist sie doch mit hohem Urwald dicht bewachsen, so dass die Klärung eine Leistung darstellt.

Dabei leben die Eingeborenen in recht elenden, kaum mannshohen Hütten, ohne Schlafstelle, so dass ich diese nur für Nothütten zu Arbeitszwecken hielt. Aber Jimmy versichert, dass es auf der ganzen [40] Inselgruppe keine besseren Behausungen gäbe.

Auch einige Kranke wurden mir vorgeführt.

Abb. 22: Longan-Insulaner vor einer Hütte sitzend

Ein etwa 35jähriger Mann wurde im Boot von einer anderen Insel geholt, er soll seit 5 Monaten nicht gehen können und ständig

Fieber haben. Derselbe bot mit Blutharmuth und Milzgeschwulst das Bild chronischer Malaria; der Blutbefund bestätigte diese Diagnose. Ich verordnete eine Chininkur, zweifle aber, ob der Kerl sich ihr unterzieht. Leider konnte ich in Longan auch nachts keine Stechmücken erhalten, so dass da eine Lücke in meinen Untersuchungen bleibt.

Nur zu schnell müssen wir von dieser gastlichen Inselgruppe Abschied nehmen, und wieder geht es, immer noch mit steifem Südost, ohne Hilfsmaschine westwärts in die offene See. [41]

Maty-Insel, 7.XII.1902.

Die erste von zwei Wochen auf Wuwulo.

Am 2. in Morgenfrühe passierten wir die grosse flache Durour Insel, und hatten die Nordküste von Maty Insel in etwa 10 km Länge vor uns. Kein Berg, keine Bucht, kein Riff, kein Dorf, nur Busch mit Cocospalmen untermengt. Dann entlang der 3 km langen Ostküste – die Palmen werden zahlreicher, einzelne Häuser tauchen auf –; um das Südostkap in eine weite Bucht, von dichten Palmenreihen umsäumt, zwischen denen Dörfer und auf einem freien Platz die wellblechgedeckte Station sichtbar werden. Obwohl kein Canu sich zeigte, musste doch wohl alles in Ordnung sein, denn man sah den Händler auf der Veranda umhergehen.

Es giebt um ganz Maty – und ebenso um Durour – keinen einzigen Ankerplatz: senkrecht fallen die Wände der Korallenstöcke, welche die Insel bilden, in die ungemessene Tiefe. So müssen die Schiffe auf der Rhede umherkreuzen, während nur Boote bei Flut durch die Brandung auf den steinigen Sand laufen können. Da ich seekrank war, so fuhr ich mit dem ersten Schiffsboot, dass den Händler holen sollte, an Land. Er kam ans Ufer, und ich erkannte in ihm Mr. William Leonhard, den ich im Mai in Matupi flüchtig kennengelernt hatte. Seit einem Jahrzehnt weilt er in der Südsee, war auch drei Jahre in Ninigo, wurde auf Neu-Mecklenburg einst von Eingeborenen überfallen, und für tot liegengelassen: grosse Narben zieren ihn aus jener Zeit. Er ist klüger und gebildeter, als seine rauheren Berufsgenossen, was wir nennen würden „ein ungeschliffener – Edelstein". Ich verdanke [42] ihm sehr viel, Gastfreundschaft in weitem Masse, und eine unermüdliche Auskunft über die Eingeborenen, ohne die ich nicht die Hälfte dessen erfahren würde, was ich bis jetzt herausbekommen habe.

Denn hier auf Wuwulo, wie die Leute selber ihre Insel nennen, ist Alles neu. Alles wichtig. Ich will meine eigenen Eindrücke mit „Williams" Beobachtungen zusammenfassen.

Die Eingeborenen sind sehr hell braun, mit straffem oder gewelltem, meist schwarzem, oft dunkelblondem Haar, schwarzen, mandelförmigen, zuweilen schräg stehenden Augen ohne Mongolenfalte. Die Männer gehen nackt, die Weiber tragen einen kleinen Schurz von grünen Blättern. Das lange Haar wird gern in ein grosses Taroblatt gewickelt oder mit einem Baststreifen festgebunden. Eine Tätowierung ist unbekannt; als Schmuck sind nur Schnüre einfachster Art um Hals, Oberarm und Taille zu sehen.

Auffallend ist der Gesichtsschnitt. Frühere Besucher haben Ähnlichkeit mit Chinesen, andere mit Malayen sehen wollen. Je mehr Leute ich sehe, desto mehr Vergleichspunkte finde ich auch für Samoaner und Melanesier. Wenn ich mir aber die Leute, und besonders die Kinder, bekleidet vorstelle, so meine ich, würde man sie für Abkömmlinge von Europäern halten. [43]

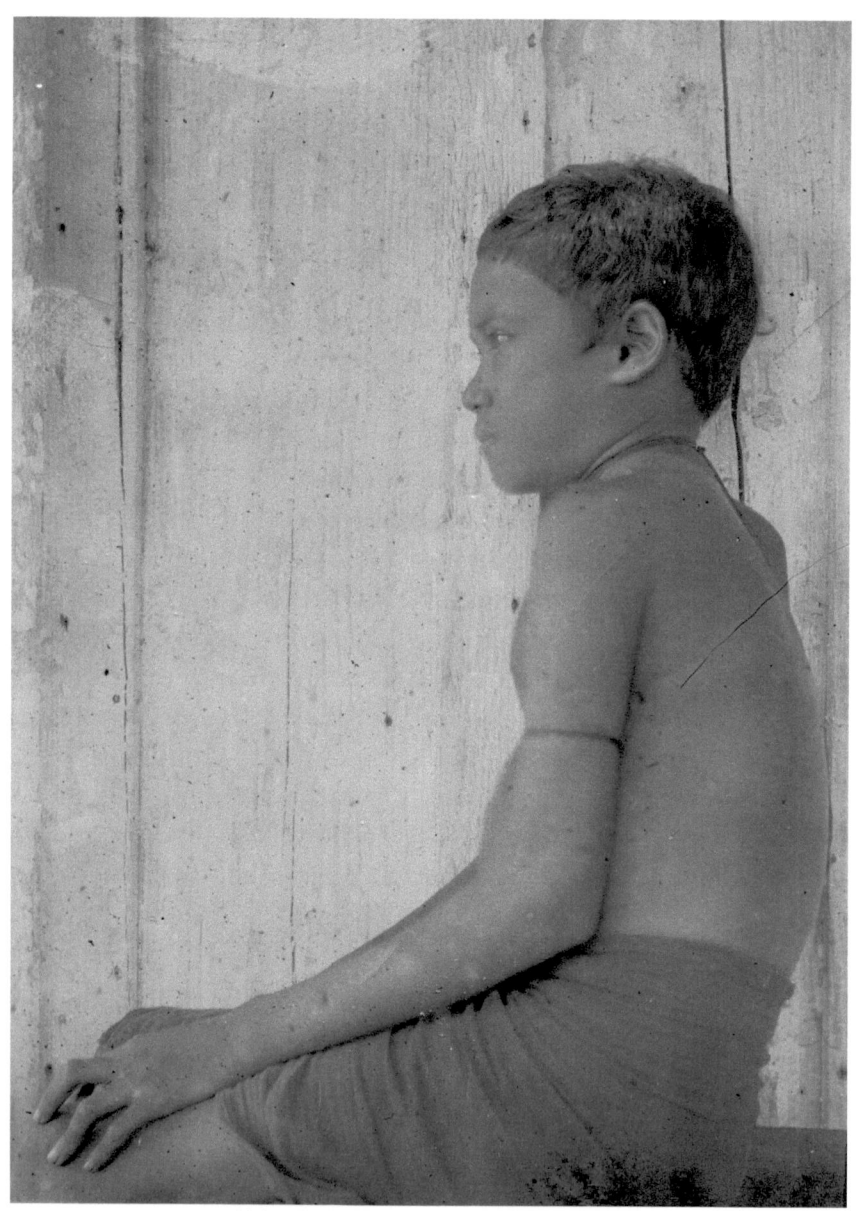

Abb. 23: Junge von der Insel Wuvulu

Die Verfassung ist despotisch: der Oberhäuptling, „puala"
herrscht über Leben und Tod. Er umgiebt sich mit einer Garde,
deren Adel auf Abkunft und Ernennung beruht. Es giebt einen
Stammbaum der „puala", der männliche Thronfolge beweist. Der
jetzige, Naliga mit Namen, etwa 25jährig, ist seinem Vater vor
zwei Jahren gefolgt. Er hat vor einem Jahre eine Fehde gegen ein
aufsässiges Dorf gehabt, bei der 2 „Rebellen" gespeert sind. Auch
ein Mädchen, das einen Auftrag, Essen zu holen, saumselig aus-
geführt, ist auf seinen Befehl lebendig begraben worden –
dadurch bin ich jetzt zu einem gut erhaltenen Schädel mit Unter-
kiefer gekommen.

Nach William hat der „Adel" auch eine besondere Sprache; nach
ihm ist das Abzeichen des Pualas, das er auch seinen Günstlingen
anzuwenden erlaubt, ein Halbmond, als Griff an den Hausthüren
angebracht.

Die Eingeborenen wohnen in Dörfern zusammen, in welchem es
Schlaf-, Speise- und Vorratshäuser giebt. Alle sind sorgfältig aus
gehobelten Planken gezimmert und statt durch Nägel oder Stri-
cke, durch Holzverbolzungen und Falze zusammengehalten. Ein
durch Querleisten eigenartig unterbrochenes Fussgestell isoliert
die Vorratshäuser vom Erdboden. Alle Wände sind geweisst, die
Dächer aus Cocosblättern sehr sorgfältig gefertigt. Die gefugten
Thüren werden [44] durch Riegel verschlossen.

Abb. 24: Dorf auf der Insel Wuvulu

Eine genauere Beschreibung dieser Wohnungen, die ihres Gleichen nicht in irgend einer Steinzeit haben, und ebenso des Hausgeräthes, der Waffen, der Canus u. dgl. hoffe ich dereinst vom guten Hellwig zu erhalten, welcher als „Fachmann" mit wahrem Feuereifer den lieben langen Tag sammelt, notiert, ausfragt und kopfschüttelnd wieder notiert. Nur einen Eindruck möchte ich hier mir verzeichnen: diese hohe Kulturstufe kann nur als Erbschaft aus einem metallnen Zeitalter verstanden werden: die Vorfahren der Maty-Insulaner haben Eisen gekannt, als sie auf die einsame Insel verschlagen wurden, und als eine letzte Erinnerung sieht man bei diesen Enkeln noch seltene Holzschwerte, welche in Ornamenten noch Einsatz und Vernietung der Metallklinge nachahmen.

Als Lebensmittel dienen Fische, geangelt, gespeert oder mit Netzen gefangen, Krabben von Weibern gesucht, Schildkröten, in teichartigen Käfigen gezüchtet, gelegentlich auch eine in der Schlinge gefangene Taube; – dann Cocosnüsse, allerlei Früchte des Waldes, Sago, Brotfrucht und als einzige angebaute Nutzpflanzen Bananen und Sumpftaros. Die Felder dafür sind in langen rechtwinkligen Streifen angelegt, indem die Koralle mühsam 1–2 Fuss tief ausgehoben ist. Eine gleiche Sorgfalt zeigen die bis 10 Fuss tiefen, in die Koralle geschlagenen und mit Quadersteinen rund oder rechtwinklig ausgelegten Brunnen. Hier offenbart sich jahrhunderte alte höhere Kultur in Erinnerungen einer [45] Kunst Steine zu bearbeiten und zu „mauern", die auf der Koralleninsel nicht erworben sein kann.

Abb. 25: Brunnen auf der Insel Wuvulu

Die einzige ermittelte religiöse Vorstellung ist der „baude“, der
Alles gemacht hat, Häuserbauen gelehrt hat, dann wieder gen
Himmel gefahren ist, Regen schickt, u.s.w. Ausserdem werden

böse Geister und Zauberei gefürchtet. In alter Zeit waren die Leguane die Herren der Insel und die Ratten ihre Sklaven, sowie jetzt der „puala" über die „tamolmol" herrscht.

Obwohl jeder Mann von jungen Jahren an eine oder einige Frauen hat, herrscht grosse Freiheit im Geschlechtsverkehr. Insbesondere der Adel hat das Recht, bei nächtlichen Spaziergängen jede Frau, die sich blicken lässt in den Busch mitzunehmen. Gefällt der im Dunkeln unerkannte Buhle der Frau, so ritzt sie einige lange Striche zu späterer Wiedererkennung in seine Haut, die jener dann stolz zur Schau trägt, bis sie in einigen Tagen vernarbt sind. Eine Sitte gibt es, die ich bisher nur bei den Hereros in Afrika angetroffen habe, Frauengemeinschaft als Ausdruck besonderer Freundschaft. Dort heisst das „epanga", hier „tafi". Man soll sogar tafi des puala werden können.

Mich beschäftigen vornehmlich die Gesundheitsverhältnisse.

Die Eingeborenen selbst sind der Überzeugung, dass ihnen die Schiffe der Weissen Krankheit brächten, und Mr. William stellt es als eine Thatsache hin, dass nach seiner Ankunft mit der „Gazelle" im Juni 1902 Hunderte in wenigen Wochen an Husten, Fieber, Seitenschmerz und zum Schluss Bewusstlosigkeit gestorben seien. Bisher habe ich Folgendes ermitteln können: Bei allen Kindern fand ich dicke Milzen, bei einigen von den daraufhin untersuchten auch im Blut Parasiten der Malaria tropica. Aber Erwachsene [46] entziehen sich meist der Untersuchung; nur eine einzige kranke Familie ist bisher zur Station gekommen. Auch diese haben Malaria, daneben aber Bronchial- und Lungenkatarrh. Man möchte an eingeschleppte Tuberkulose denken – der Händler Wooden, welcher früher hier war, könnte der Beschreibung nach daran gelitten haben – aber so akut verbreitet sich diese Seuche doch nicht, so schnell führt sie nicht zu Tode, kaum würde sie

Blutstürze vermissen lassen. Sollte Influenza so mörderisch wirken können. Ich weiss es wirklich noch nicht.

Abb. 26: Drei Wuvulu-Insulaner auf einem Pfahlbau

Wie schnell wir Weissen, oder unsere mitgebrachten Farbigen, böse Leiden als Danaergeschenke austeilen, sehe ich an der Krätze. Einige Bukajungen hier leiden in höchstem Grade daran, da weder Perubalsam noch ein ähnliches Medikament hier vorhanden war: weit und breit umher sind in den Dörfern, die mit der Station Verkehr haben, Jung und Alt von dem Übel ergriffen. Nun giebt es hier auch massenhaft den tropischen Ersatz der Krätzemilben, die „Buschmucker", ¼ mm grosse, rote Zecken, die juckende Pickel, und, aufgekratzt, tiefe Geschwüre verursachen. Unter diesen Hautparasiten leiden wir fast ebenso schlimm, wie jene unter Krätze, aber bei ihnen merkt man wenig Narben, wahrscheinlich, weil sie nach jedem Gang in den Busch sich mit Seewasser baden.

Von anderen Leiden habe ich wenig gesehen, keinen „Ringwurm", keine Elephanthiasis, keine Pockennarben u. dgl. Aber ich bin auch erst am Anfang meiner Beobachtungen [47] und mag die Leute nicht durch Untersuchungen misstrauisch auf den „puala funo" = „Herr der Krankheit" machen. Als solcher hat mich Mr. William nämlich eingeführt; leider ist zu befürchten, dass dies mehr mit „Hexenmeister" als mit Arzt, „geneesher" im Holländischen zu übersetzen ist.

Die Leute sind noch ganz ungewohnt des Verkehrs mit den „pilaua", wie die Weissen genannt werden. (Bei leichtem Hinhören klingt es wie „Pillauer", – was für mich in so fern scherzhaft ist, als Pillau mein Geburtsort ist: haben die verfl– Kerls mich doch gleich erkannt!) Die drei früher hier an Land gesetzten Händler hatten wohl auch nicht die beste Methode, Wilde zu zähmen. Der erste, Jakobsen, genannt „Schapskop", wurde nach halbjähriger Anwesenheit 1896 gespeert; es soll ein alter siecher Mann gewesen sein, der seine Schusswaffen nicht gebrauchen konnte. 1899–1902, über zwei Jahre ist Wooden dagewesen, – in der Zwischenzeit hatte es Niemand gewagt –, dieser ist in Furcht und Einsamkeit der Geistesgestörtheit sehr nahe gekommen, wie seine Aufzeichnungen aus den letzten Monaten beweisen. Ein halb Jahr lang, ich glaube, noch mit W. zusammen, war Matthies da, bis er vor Fieber weg musste. Dessen Wirksamkeit wird dadurch illustriert, dass er in den Eingeborenen Abkömmlinge deutscher Schiffbrüchiger sah, denn es gäbe in ihrer Sprache viele deutsche Worte: oller Rohr = 6, grüner Rohr = 4, Thaler = der Weg u.s.w. Thatsächlich lauten die Worte ŏlĕrōā, gĕnĕrōā, tālă und sind echte Lautgebilde der oceanischen Sprachgruppen. – William Leonhard scheint mir der rechte Mann am rechten Ort zu sein. Freilich hat mich für ihn sofort bestochen, dass er im Verkehr mit den [48] Eingeborenen dieselbe Methode als Praktiker befolgt, die ich mir aus theoretischen Gründen zurechtgelegt habe. Als Erstes lernt er die Sprache seines Wirkungskreises und sucht in die Sitten einzudringen, ohne Kritik zu üben. Dann vereinigt er Scherz mit sicherem Auftreten, wie etwa ein Erwachsener mit Kindern aus seiner Verwandtschaft umgeht. So hat er erreicht, dass über ein Dutzend junge Burschen ständig bei ihm arbeiten. Was aber geradezu ideal ist, und kaum ein anderer Händler so durchführen wird, das ist die stete Wiederholung des Grundsatzes: ich sage nur die Wahrheit, halte immer mein Wort, also dürft ihr auch nicht lügen, also werde ich Wortbruch besonders hart bestrafen. Dafür, dass es ihm mit diesem Princip ernst ist, erlebte ich ein Beispiel, als ich jener malariakranken Familie Chinin am späten Abend verabfolgen wollte. Mr. William hatte unseren Besuch in Aussicht gestellt, und obwohl er Fieber bekam, ging er doch mit, weil er es einmal versprochen habe. Bei dieser Gelegenheit sah ich noch etwas anderes: Mr. W. umgürtete sich mit seinem Revolver. Er täte es stets, wenn er die Station verliesse, obwohl er noch keine Feindseligkeit bemerkt habe, aus Vorsicht und in Erinnerung jener Zeit, wo die

Kanaken ihn fast erschlagen hatten. Im Allgemeinen halte ich dieses Vorgehen für richtig, im Besonderen habe ich selbst noch keinen Moment erlebt, soviel ich auch jetzt mich unter „Wilden" bewegt habe, wo ich einer Waffe bedurft hätte.

Abb. 27: Arbeitsszene auf der Insel Wuvulu

[49] Meine täglichen Aufzeichnungen in diesen Tagen sind nur kurz. Solange das Schiff da war, bis zum 3. nachmittags, habe ich ausschliesslich an meiner Post geschrieben. Vom 4. bis heute habe ich mich hauptsächlich mit der Sprache abgegeben, auch Photographien aufgenommen, nachts entwickelt und tags kopiert. Viel und leider vergeblich bin ich auf Jagd nach Mückenlarven gegangen. Zu Tausenden nämlich schwärmen allnächtlich die Anopheles hier als wahre Landplage umher, aber noch nicht eine Brutstätte habe ich entdecken können, soviel ich auch in den Tarosümpfen danach suche.

Von jetzt ab will ich wieder regelmässiger meine Eintragungen machen.

Maty Insel, 8.XII.02.

Auf heute waren wir zum „nalauga" = Fest in das Dorf Auna des „puala" eingeladen. Schon gestern zogen die Leute von anderen Dörfern mit Lebensmitteln – gewissermassen mit Tribut – beladen dorthin, heute morgen holten sie uns, viele festlich in europäische Zeugstreifen gehüllt, ab. Das Dorf war voll Menschen jeden Alters, wohl 300, aber die bei melanesischen Singsings übliche lärmende Fröhlichkeit war nicht zu hören. In den Speisehäusern sass alles dicht gedrängt im Schatten vor der heute besonders glühenden Sonne, [50] und verzehrte Fisch, Tarokuchen und Betelnüsse. Wir gingen zunächst zum Puala, der uns recht gut in Cocosöl gebratenen und sauber auf Blättern servierten Fisch anbot. Seine Frau war nach Negerart in Kleider von buntem Stoff gehüllt, wie ihn der Händler verkauft hatte. Der kleine Sohn von einer Nebenfrau, Toatoe, kam zutraulich auf meine Knie und half mir essen. Die Abfälle holten sich zahme Leguane, wie anderwärts die Hunde. Gegen Mittag begann der Gesang: die im grössten Speisehause hockenden Weiber nölten zu 4 und 8 bis 12 eintönig gedehnte Verse, bei denen – im Gegensatz zu den Gesängen anderwärts – jede Silbe des Textes zu verstehen war; natürlich konnte ich den Sinn noch nicht erfassen. Ein Tanz fand nicht statt; es war also nur ein musikalisches Diner. Später, hiess es, sollten die Männer auch singen. Wir warteten das aber nicht ab, sondern gingen gegen 2 Uhr nach der Station zurück. Unterwegs besahen wir das grösste Tarofeld der Insel, mit einem einsamen Cocosbaum in der Mitte. Abends im Mondschein radebrechte ich mit einigen Leuten, was ich schon von der Sprache erfasst hatte. Ich zeige auf den Mond, der hier, ebenso wie [51] das Auge „pūlā" heisst, da sagt mein farbiger Begleiter: „Baude hat ihn gemacht." »Hat er auch die Sonne gemacht?« „Ja, die Sonne und Wuwulo und den Regen und die Menschen. Hat er auch die Weissen gemacht?" »Wir sagen, Baude ist gross, er hat Alles gemacht. Sagt ihr in Wuwulo, dass Baude tot ist?« „Wir sagen Baude ist nicht tot." – Sind das nicht rein monotheistische Vorstellungen?

Abb. 28: Festvorbereitung in Auna auf der Insel Wuvulu

Abb. 29: Fest in Auna auf der Insel Wuvulu

Maty Insel, 10.XII.02.

Gestern machten wir drei Europäer eine grössere Tour durch den westlichen Teil der Insel; erst durch einige kleine Dörfer, durch lichten Busch mit vielen Cocospalmen und über etwas Sumpf nach der Mitte der Nordküste. Dann ging es westwärts, bei Niedrigwasser immer am Strande entlang. Eine kleine, palmenbestandene Insel erhob sich über seichten Korallenriffen; einige [52] kleine Dörfer – Tala, Baga – lagen hinter dem Schutz grosser Bäume, dann wurden die Ufer steil bis 8 m hoch mit zerrissener Korallenformation; bis sich hinter einem breiten Kap die Küste nach Süden wandte. In den Buchten dieser Westküste, den Landschaften One und Rauva wurden die Dörfer häufiger und grösser, bis hinter einer kleinen Insel jede Bevölkerung aufhörte. Nach einer Mittagsrast durchquerten wir diesen Teil der Insel von Westen nach Osten, entlang vielen grossen Tarofeldern, bis wir wieder bei der Station herauskamen. Allenthalben zeigte sich die Bevölkerung freundlich, ohne grosse Scheu, jedoch nicht zudringlich. Ich hatte etwas über 50 Wohnhäuser gezählt, woraus ich auf höchsten 300 Köpfe schliesse. Etwa 20 Kinder und Erwachsene waren meinen Untersuchungen auf Milzgeschwulst zugänglich; nur bei 2 Frauen fehlte dieses für Malaria sprechende Symptom. Von anderen Krankheiten fand ich nur Framboesie (Himbeerausschlag) bei einem Kind und alte Geschwürnarben bei einem Mann. Sonst keine Spuren von Pocken und Syphilis; auch keine hustenden Leute.

Abb. 30: Wuvulu-Insulaner in einem Pfahlbau

Nun giebt Mr. William ganz bestimmt an, dass auch hier seit einigen Jahren ein grosses Sterben begonnen habe. Er stützt diese Behauptung auf die Beobachtung, dass er vor 4 bis 5 Jahren 500 Canus gezählt habe, als er [53] auf der *Stella* von Ninigo aus die Insel wiederholt besuchte, während jetzt kaum 50 in seetüchtigem Zustand dalägen. Ein grosses Sterben habe er selbst im Juli und August miterlebt, 5–6 Tote habe es täglich zu begraben gegeben. Jedenfalls seien noch von Wooden 2300 gezählt worden; und jetzt? Leider stimmen die zu beobachtenden Thatsachen ganz dazu, dass seit etwa 2 Jahren ein grosses Sterben durchs Land zieht: ein Teil der Tarofelder ist verwahrlost, um Cocospalmen wuchern Orchideen und anderes Unkraut, reife, keimende Nüsse bedecken den Boden unter den alten Stämmen, oder schiessen dicht neben einander stehend in die Blätter, und als sicherstes Zeichen, verfallene Hausruinen in bewohnten Dörfern, unbewohnte noch leidlich erhaltene Gehöfte, Fundamente von Häusern und Brunnen im Jungbusch – das Alles zusammen bietet das traurige Bild eines aussterbenden Volkes.

Es könnte, meint Hellwig, ja auch Zeichen von Auswanderung etwa nach dem stammverwandten Durour sein. Aber Mr. William versichert, dass selbst der beim Monsunwechsel übliche [54] Besuch der beiden Nachbarinseln im letzten Jahre infolge der vielen Todesfälle unterblieben sei, und jeder Verkehr aufgehört habe.

Auch kann ich keine Anzeichen dafür finden, dass – wie William nach Äusserungen der Eingeborenen meint – dass Sterben schon Jahrzehnte vor Ankunft der ersten Europäer begonnen habe. Denn dann würden die aus den abgefallenen Cocosnüssen aufgeschossenen Jungpalmendickichte höher, die alten Palmen erstickt und umgefallen, die Tarofelder in Sümpfe verwandelt und die Dorfplätze unkenntlich vom Busch überwachsen [55] sein. Ich kenne die furchtbare Fruchtbarkeit der tropischen Vegetation aus

Vergleichen von Plätzen an der Astrolabebay, die ich 1895/97 und jetzt 1901/02 besucht habe.

Anlässlich dieser Erkenntnis, dass die Maty Insulaner auf dem Aussterbeetat stehen, bin ich von meiner Gewohnheit, keine Curiositäten zu sammeln, diesmal abgewichen, und habe W. gebeten, mir eine Collection von Waffen und Geräten zusammenzustellen. Aber Hellwig weist mir dabei nach, dass schon jetzt keine der wertvolleren Ethnologika angefertigt werden, und da die alten durch den Schiffsverkehr längst aufgekauft sind, so ist jetzt nur noch eine unvollständige Nachlese möglich. Er selbst beklagt dies im Geschäftsinteresse am meisten.

Als wir von unserem Ausflug heimkamen, fanden wir den Puala uns erwartend. Er wollte sein Portrait sehen, das ich zwei Tage zuvor aufgenommen. Es ist nicht gelungen, er sitzt mit seiner Frau zu steif und „hochnäsig" da; aber erinnern die beiden, er in seiner absoluten Naktheit und sie mit dem Feigenblättchen nicht sofort an Adam und Eva? Jedenfalls war er befriedigt, und äusserte sein Erstaunen über die stereoskopische Plastik der Bilder in einem [56] anhaltenden „a a a a a". Dieselbe steife Haltung hat der kleine Pamano angenommen, bei dem eine Andeutung der plica Mongolica, einer vom oberen aufs untere Augenlid überspringenden Falte, welche eine Beimischung chinesischen Blutes bedeuten könnte.

Heute morgen machte ich allein, mit einem kleinen Boy der Station, namens Mangi, eine Fusstour um die Südspitze der Insel. Zuerst war ich beim Puala zum Cocosnussfrühstück und sah dabei alte Wandzeichnungen im Innern seines Hauses, deren Obscönität mir bewies, dass die leichte und nach unseren prüden Begriffen schamlose Auffassung des Geschlechtsverkehrs nicht erst eine Frucht des Umgangs mit verkommenen Weissen, sondern ein natürlicher im Volk wurzelnder Hang ist.

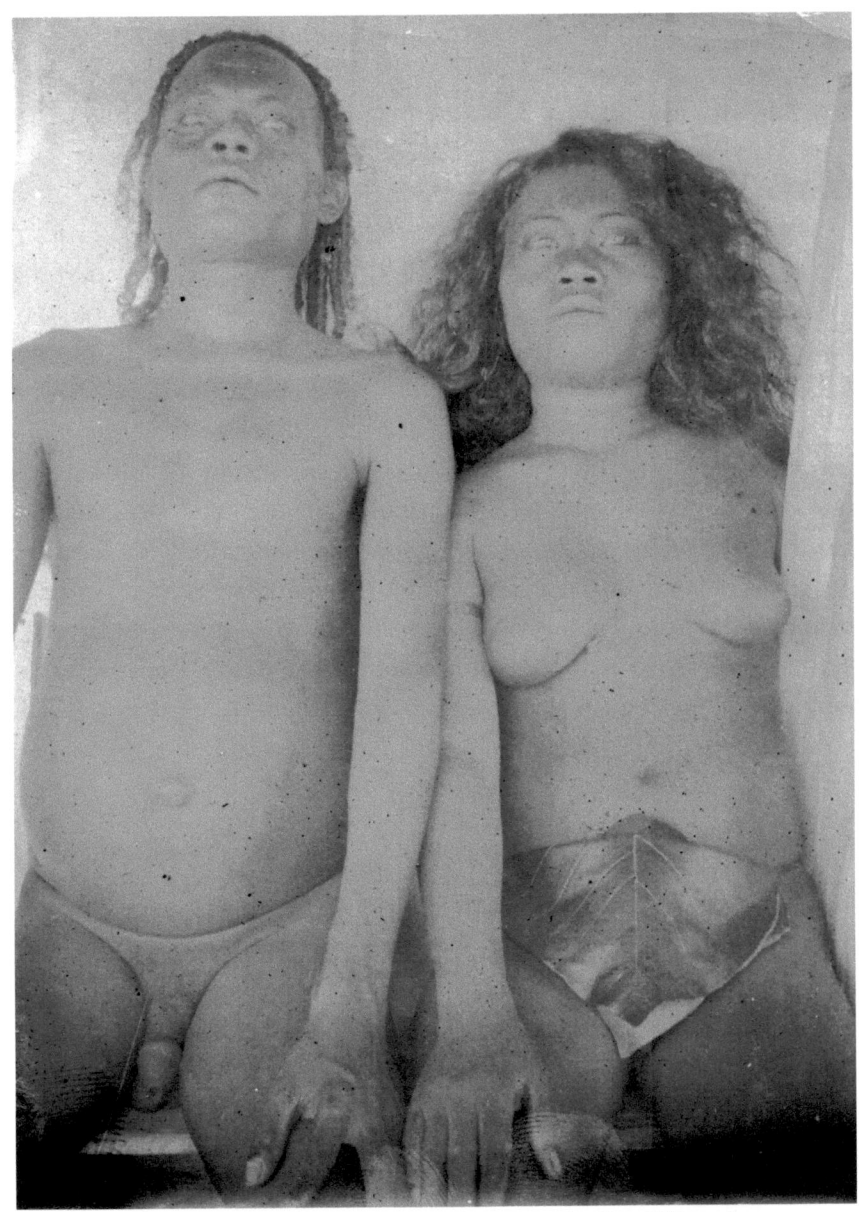

Abb. 31: Häuptling Naliga mit Frau von der Insel Wuvulu

Am Südhang fand ich die Reste einer kleinen Station – nur Copra-schuppen –, welcher der Händler Matthies vor einem Jahr verlassen hat. Ihr Zerfall und Überwachsensein war ungefähr ebenso weit vorgeschritten, wie bei den gestern gesehenen Dorfruinen. Dann fehlte an der Westküste jede Niederlassung; bis die Insel „Afoloana" in Sicht kam, bei welcher wir tags zuvor ins Innere abgebogen waren. Ich folgte auch heute diesem Pfade, begab mich aber nach kleiner Mittagspause in einer Feldhütte auf Suche nach Anophelesbrutstätten in den sumpfigen Tarofeldern. Dabei sah ich manches Interessante, verwilderte Pflanzungen neben gepflegten, und an einer Stelle auch ein frisch ausgehobenes streng rechteckiges Feld von etwa 40:50 m Seitenlänge. Aber Anopheleslarven konnte [57] ich trotz stundenlanger Mühe in der Mittagshitze nicht fischen, so dass mir der Gedanke auftaucht, es möchten auch die Larven, wie die geflügelten Insecten, lichtscheu sein und sich nur abends aus ihren schattigen Schlupfwinkeln hervorwagen. Aber eine Menge „Buschmucker" brachte ich heim, von denen ich schon einige böse Geschwüre an den Unterschenkeln habe, die meine Beweglichkeit sehr behindern.

Maty Insel, 12.XII.02.

Diese beiden Tage stehen unter dem Einfluss von Chininwirkung, das ich vorsichtigerweise prophylaktisch genommen habe, vorgestern abends innerlich etwa 1 g und gestern, da ich mein Augenweiss gelblich verfärbt sah, (ein Zeichen, das vor Schwarzwasserfieber warnt), so 0,5 g unter die Haut gespritzt. Ich leide mit den Jahren immer mehr unter der Chininwirkung, werde nervös, appetitlos und kann wenig schaffen, solange das Gift im Körper ist. So war ich auch gestern nur auf einige Stunden zur Larvensuche im Busch – leider wieder mit negativem Ergebnisse; heute entnahm ich über 30 Leuten, die an Hellwig Curiositäten verkauften, Blutproben, ohne auf viel Schwierigkeiten zu stossen. Die übrige Zeit verbrachte ich mit Copieren von Bildern, oder scherzte mit den kleinen Mädchen, die zu Mr. Williams Hausstand gehören (drei von Wuwulo und zwei aus Ninigo), oder versuchte mich in Sprachübungen, bei denen jeder Fehler meinerseits bei den [58] Leuten ein schallendes Gelächter hervorrief.

Sprachstudien sind nun einmal meine Liebhaberei, und so vorsichtig ich in meinen medicinischen Deductionen zu sein glaube, so dilettantisch positiv bin ich in meinen Behauptungen über die Sprachen des Schutzgebiets.

Also die Sprache von Wuwulo gehört in das melanesische Sprachgebiet, mit chinesisch hat sie nichts zu tun, an das javanische erinnern nur wenige Wortstämme (*pŭăla* Häuptling usw.), an das polynesische klingen nur die Vokalhäufungen an. Gewiss haben einige Wortstämme Anklänge an andere oceanische Sprachen, *rūfū* Dorf entspricht dem *lūf* auf Hermits, ebenso *bŏbōānĕ* Mann dem gleichbedeutenden *moan* der Hermits; *pīā* Strand ist *a pīa* Land der Gazelle Halbinsel, *pilaua* Fremder, Weißer ist *a peraua* der Gazelle Halbinsel, und wohl auf das malayische *prao*, *prau* Seeschiff zurückzuführen u. dgl. mehr. Andere Wortstämme sind in lautlichen Varianten über die halbe Südsee verbreitet: nur Kokosnuß heisst ebenso u. a. auf den Marshallinseln und im Siardialekt, *pēpīnĕ* Frau ist polynesisch *vāvīnĕ*, in Neu Mecklenburg *hēhūs*, auf den Admiralitäts *pēüs*, in Siar *pain*, in Tami *diwi*, im Yabim *auvi* u.s.w.

[59] Für die melanische Sprachfamilie aber sind beweisend das obligatorische Vorkommen der Possesiffaffixe bei allen unveräusserlichen Besitztümern. Es giebt keinen Ausdruck, der abstrackt Kind, Name, Hand bedeutete, stets muss der Besitzer dabei bezeichnet werden: *păpănēū* mein Rind, *păpănēmō* dein Rind,

papanene sein Rind, *āgāō, āgāmō, āgānā* mein, dein, sein Name, *pānēū, pānēmō, pānēně, pānēăd, pānēmā*, meine, deine, seine, unsre, euere Hand. Auch Dual und Trial, letzteres vielleicht obsolet, mehrfache Zahlarten, möglicherweise auch ein doppeltes Possessivpronomen kommen vor, und sind melanesische Symptome.

Durch diese Aussicht wird die Geschichte des Völkchens noch rätselhafter: helle Haut, langes Haar, melanesische Sprache, mikronesische Sexualsitten, polynesische (oder malayische) Häuptlingsverfassung und eigenartigste Steinkultur ...

(Anm. d. Hrsg.: Dempwolff benutzt in diesen Beispielen die deutsche Schrift mit dem Buchstaben „ß" sowie einige Akzente, die in diesem Buchdruck nicht vollständig wiedergegeben werden können.)

Abb. 32: Gruppenbild mit Wuvulu-Insulanern

Maty-Insel, 13.XII.02.

Für eine Axt und sechs Pfund Perlen hat der Puala sich nach einigem Zögern bewegen lassen, gestern abends auf der Station einen Tanz zu veranstalten. Leichter Regenschauer nach Sonnenuntergang schien anfangs das Fest zu vereiteln, als aber der fast volle Mond durch die Wolken brach, füllte sich der Stationsplatz bald mit Eingeborenen jeden Alters und Geschlechts, die uns ankündigten „nalauga nomai" der Gesang kommt.

Dann erklangen von ferne gedehnte Töne, wie neulich beim Festessen in Auna, und aus dem südlichen Busch [60] kamen in gemessenem Tanzschritt neun Paar Weiber, immer 2 Tacte lang 2 Schritte vorwärts und 2 Tacte lang auf einem Bein stehend, das andere, innere in der Turnerstellung „Knie aufwärts beugt" erhoben. Dabei hielten sie eine lange lanzenartige Latte in Schulterhöhe hoch, die zuweilen, am Ende einer Strophe nach oben über die Häupter und nach unten geschwungen wurde. Als diese neun Paare so unter Gesang vor dem Hause angelangt waren, traten aus dem nördlichen Busch sechs andere, und alsbald von Westen her sieben weitere Paare, wie uns erklärt wurde, jeweilig aus einem anderen Gau. Während diese drei Gruppen unermüdlich im Tanztakt auf und ab schritten und ohne Rücksicht aufeinander ihre „Lieder" sangen, wogten zwischen ihnen Alt und Jung, wohl 100 Zuschauer zu 44 Tänzerinnen; und wir mitten darunter. Nun konnten wir uns die Festjungfrauen näher ansehen, und ihrem Gesang besser lauschen. Alle hatten Röckchen aus getrockneten und zersplissenen Cocosschösslingen um, und als einzigen Schmuck weisse Taubenfedern im aufgelösten Haar. Der Gesang bewegt sich in ganzen und halben Noten, immer 6–8 in einer Tonhöhe, dann die 6–8 nächsten in der Terz dazu, die weiteren 6–8 eine Quint höher, darnach wird der Tonwechsel lebhafter, indem nur 2–4 gleichhohe Noten folgen, und zum Schluss kommt eine

Art Melodie [61] dadurch zu Stande, dass die Töne ohne Wiederholung innerhalb einer Oktave steigen und fallen, wobei sich der Rytmus beschleunigt. Dabei wurde der Text sehr deutlich ausgesprochen, und ich konnte wiederholt einzelne Worte verstehen. „ana pia ana rawa tala … rara dipadipa …" = gehen am Strand gehen den Weg nach Rawa … Blut erzürnt sich …". Mr. William gab den Inhalt als Improvisation an, die sich auf den Besuch der „pilaua" bezöge. Der Chinese Akan, der als Koch und Händler schon 10 Monate anwesend ist, wollte wissen, dass dieser Tanz von Männern und Frauen, die sich paarweise gegenüber stehen, ausgeübt sei, und durchaus sinnliche Ideen zum Hintergrund habe. Bei eigentlichen Festen wird bis zum grauenden Morgen gefeiert; da wir jedoch allmählich durch den Mangel an Abwechslung ermüdet wurden, so liess Mr. W. um Mitternacht abbrechen. Heute ist ein trübseliger Regentag, den ich zum Mikroskopieren und dgl. benutzt habe. Noch immer kann ich keine Anopheles brutstätten finden, nur Culex larven in Busch und Sumpf.

Abb. 33: Tanzszene auf der Insel Wuvulu

Maty Insel, 15.XII.02.

Die „Gazelle", heute abend angekommen, treibt in der Bucht, ohne jedoch bisher Post oder Europäer an Land geschickt zu haben; nur William ist an Bord gerufen. So geht der interessante Aufenthalt auf Wuwulo dem Ende entgegen.

Gestern war ein schöner Sontag, den wir zum Feiertag machten. Nur Atmo wurde noch abends in den Busch [62] auf Jagd nach Mückenlarven geschickt, brachte aber von vier Tarosümpfen nur einige Hundert Culexlarven an. Nun verzweifle ich daran, hier noch Anopheleslarven zu finden, wie es mir auch auf der Gazelle-Halbinsel nicht gelungen ist.

In allen anderen Aufgaben, die ich mir für diese Insel gestellt habe, bin ich einigermassen zum Abschluss gekommen, so dass ich in den beiden Tagen, während derer das Schiff noch hier bleiben wird, nur Nachlese zu halten habe. Es herrscht ein rapider Rückgang der Bevölkerung, welche in allen Altersklassen einen kränklichen Eindruck macht. Hauptursache davon ist die Malaria, die erst in den letzten Jahren in dieses bisher malariafreie, aber anopheleshaltige Gebiet eingeschleppt worden ist. Das beweisen die dicken Milzen bei fast allen der Untersuchung zugängigen, und die Malariaparasiten im Blut von Kindern und Erwachsenen, welche letzteren also nicht immun sind. [63]

Von ausschlaggebender Bedeutung ist dabei, dass die befallene Bevölkerung polynesischer Rasse ist, die auch sonst in der Südsee so intolerant gegen Malaria ist, dass sie sich nur auf Inseln hält, die seuchenfrei sind. Dazu möchte ich die negative Beobachtung fixieren, dass unter den 300–400 Eingeborenen, die ich mindestens bisher gesehen habe, nur 3 Greise und kein Säugling unter einem Jahr gewesen sind. In Kaiser Wilhelmsland, selbst in den elendesten Malarianestern, wie Simbang, ist das ganz anders: die melanesische Rasse findet sich mit der Seuche ab, ohne auszusterben.

Zeichen anderer oder früherer Seuchen usw. kann ich bei aller Kritik meiner Beobachtungen nicht finden, nur Erkältungsfolgen und Verletzungsfolgen. –

Auf einer Tour nach Auna, von der ich u. a. 18 Blutpräparate mitbrachte, bekam ich auch die von früheren Besuchern erwähnten Schildkrötenteiche zu Gesicht. Ich war recht enttäuscht: keine Teiche, nur Käfige kann man die 2–4 m tiefen, 4 qm grossen Löcher nennen, die in eine sumpfige Niederung ausgehoben und mit dicken Stämmen zugedeckt sind. Dass keine Tiere darin waren, wusste ich schon; beim Leichenschmaus für den letzten puala [64] sind alle Tiere verzehrt und die Schalen mit beerdigt. Einen vom jetzigen puala neu angelegter Schildkrötenpark, von dem Mr. W. mir nachher erzählte, haben mir die Eingeborenen nicht gezeigt. Erwähnenswert ist noch, dass das Schildpatt durch den jahrelangen Aufenthalt der Tiere in Brak- bezw. Süsswasser einen hellen, gelben und matten Farbton bekommt.

Vor Maty Insel, 17.XII.02.

Die Post hat nichts gebracht, was meine ferneren Pläne für den Rest meiner Reise und meines Aufenthaltes im Schutzgebiet irgendwie beträfe.

Wahlen verschob alle Geschäftsabschlüsse auf den letzten Tag und machte mit William und mir gestern eine grosse Tour um die Osthälfte der Insel, hauptsächlich um einen Platz für die Anlage einer neuen grösseren Station auszusuchen. Im inneren Winkel der Bucht mündet ein kleiner Bach, an dessen Oberlauf Tarofelder aber keine Dörfer liegen. Kurz vor dem Südostkap wendet sich der Pfad, der bisher an die Küste entlang geführt hatte, etwas ins Innere und hinter schützenden Bäumen liegt ein grosses Dorf Vanura. Oder vielmehr: es hat da gelegen, denn es ist im August

1901 vom puala wegen Unbotmässigkeit bekriegt und verbrannt worden. Zwar sind nur zwei Leute gespeert, aber die Überlebenden sind an Zahl sehr zurückgegangen. Sie leben noch jetzt in dürftigen [65] Hütten aus Cocosblättern. Ihre schönen Häuser aus wetterfesten Planken haben sie nicht wieder aufgebaut, entweder, weil es der „puala" hintertreibt, oder weil sie die Kunst des Planken-herstellens verloren haben. Denn auch in anderen Dörfern werden neue Häuser gern aus dem dauerhaften Material der alten, verlassenen oder ausgestorbenen gefertigt, und von den Berufshandwerkern, den kano-kano sind angeblich alle ausgestorben bis auf einen in Auna, den ich auch noch besucht habe.

Abb. 34: Einfaches Dorf auf der Insel Wuvulu

Ein noch traurigeres Bild entrollte sich unseren Blicken als wir an der Ostküste wieder an den Strand kamen, und diesen nordwärts entlang gingen. Da hat vor ganz kurzer Zeit, am 28.XI., während wir in den Hermits waren, eine Flutwelle gehaust, den Strand auf 10–40 m weit mit Geröll überschüttet und die drei Dörfer Watju, Vavala und Vagotja grossenteils zerstört. Watju war rebellisch gewesen, und gleichfalls angesteckt, aber nicht ganz verbrannt; nun hatte ihm die Flutwelle den Rest gegeben: nur ein uraltes sehr festes und grosses Haus stand angeräuchert und ohne Dach als Ruine in einem Trümmerfeld von Steinen und Bauholz. In Vavala bot sich ein noch interessanteres Bild, das ich photographisch zu fixieren [66] suchte (– die Platte ist leider nicht besonders geraten –): da hat die Flutwelle ein kleines Vorratshaus umgeworfen, an einem stehen gebliebenen Wohnhaus die dicht daneben gelegenen Gräber aufgerissen, so dass ein Schädel im Sande liegt, und ein anderes Wohnhaus derart auseinander gebrochen, dass eine Planke quer über den Weg liegt. Auf der Innenseite dieser Planke sieht man eine alte Kalkzeichnung, welche zwei bemannte Boote ohne Ausleger von malayischer Bauart, sogenannte prans, darstellt.

Am Nordostkap liegt ein grosses Dorf, Tjimi, in welches die Flutwelle nur einiges Geröll gespült hat, ohne Zerstörung anzurichten. An der Nordküste verschwanden dann die Spuren dieses Naturereignisses und wir wanderten bald am Strande bald durch Busch mit vielen 1–2 jährigen Palmen und Nusshaufen unter hohen Cocosbäumen bis in die Nähe jener vorgelagerten Insel, welche wir schon vor 10 Tagen bei der Wanderung um den westlichen Teil der Insel gesehen hatten; hier bogen wir südwärts in den Pfad ein, den wir damals gekommen waren.

Über die Flutwelle wusste Wahlen noch zu erzählen, dass sie in Berlinhafen die kleine Insel Seleo überspielt habe, ohne jedoch Schaden anzurichten; nur ein kleiner Hayfisch war in einen Sumpf mitten auf die Insel geworfen worden und zappelte sich auf dem Trockenen zu Tode. Auch besinnt sich Wahlen, dass an jenem Tage, dem 28.XI., grosse Brandungswogen nachmittags 4 Uhr sich über die Aussenriffe gewälzt haben. [67] Ich erinnere mich deutlich. dass ich an jenem Nachmittage auf der Insel Luf am Strande die Leute photographiert habe, ohne irgend-etwas von unruhiger See zu bemerken.

Die Eingeborenen aller der besuchten Dörfer boten ganz dieselben Bilder kranker Leute, wie ich sie bisher gewonnen. Ich habe nun alle dem Mr. William bekannten Wohnplätze besucht, überall die Häuser gezählt, vielfach die Insassen mir namhaft machen lassen und bin zu dem traurigen Schluss gekommen, dass jetzt unter Tausend Köpfe – gegen früher über 2000 – auf Wuwulo leben.

Wer ist schuld am Aussterben dieses harmlosen und liebenswürdigen Naturvölkchens? Ich bin fest überzeugt, dass es in der Hauptsache die Malaria ist, Krieg und Flutwelle, Erkältungen und Veränderung der Lebensbedingungen kommen hinzu. Und wenn man von Schuld sprechen darf, so ist es nur die Begehrlichkeit des weissen Mannes, der die Insel besuchte und, ohne es freilich selbst zu wissen, die Seuche einschleppte. Er selbst leidet ja auch darunter, wehrt sich – mit Chinin – so gut er kann, aber wollte er seine Kunst zum Besten der Eingeborenen verwenden wollen, und hier Chininkuren einleiten, so würden die Leute das erst recht für Teufelei halten. Es ist von der Vorsehung merkwürdig eingerichtet; wir Menschlein begreifen es oft nicht!

[68] Heute machte ich noch eine letzte Durchquerung der Insel nach West zum vorgelagerten Inselchen Afolona. Am Strande sassen unter einem grossen Baum eine Anzahl Männer und hier hatte ich zum Schluss noch einmal die Freude, mich in den frisch erworbenen Sprachkenntnissen gut verständigen zu können, über Weg und Landschaft, über Namen und Benutzung von Pflanzen, über das Schiff der Weissen u. dgl. mehr.

Anopheleslarven, die ich in den Sümpfen suchte, fand ich auch diesmal nicht.

Abb. 35: Wuvulu-Insulaner am Strand auf einer Bank sitzend

Auf der Station fand ich, zurückgekehrt, ein reges Leben. Viele Eingeborene, besonders die kleinen Mädchen, hatten sich zu Ehren Wahlens in „Lavalavas", Hüfttücher oder gar Jäckchen geworfen, sassen auf der Veranda herum, rauchten und freuten sich über die von dem „puala pilaua" mitgebrachten Gastgeschenke an Beilen, Messern, Tabak, Zeug u. dgl. Die schönste aber blieb doch die kleine Toberan, die Mr. William aus seiner Traderzeit auf Ninigo mitgebracht hat.

Abb. 36: Wuvulu-Insulaner auf der Händler-Station

Mir gefiel sehr, dass Wahlen seinen früheren [69] Plan, 20 Leute anzuwerben, sofort aufgab, ohne von seiner Machtstellung Gebrauch zu machen, als der puala bat, die Leute zurückzulassen, weil soviel Krankheit herrsche.

Nun vergingen die letzten Stunden wie im Fluge mit Packen, Zusammenbinden der Curiositäten, Verladen an Bord durch die Brandung und unserer eigenen Einschiffung. Ich wäre gern noch dort geblieben. Wer wird das auch für die ethnologische und linguistische Wissenschaft wichtige Material einsammeln, ehe es zu spät ist, ehe die Leute ganz aussterben? Vor neun Jahren kamen die ersten Nachrichten nach Europa, sofort hat Luschan in Vorträgen und Schriften auf die Ehrenpflicht der Neu Guinea Compagnie und der Missionen hingewiesen, die Wunderinsel zu erforschen. Nun hat das Reich, die Verwaltung aber keine Mittel für solche Zwecke. Und die Mission? Zu spät! Käme sie jetzt ins Land, sie könnte gerade noch die Sterbesakramente spenden ... [70]

Abb. 37: Händler-Station auf der Insel Wuvulu

Vor Ninigo, 19.XII.02.

Gestern morgen schaukelten wir auf unruhiger See vor Durour Insel, leider ohne an Land zu gehen.

Wahlens kleiner Schuner, die „Stella", mit den beiden Händlern Reimers und Matthies an Bord, welche hier in Durour die neue Station aufmachen sollen, ist verschollen, oder, richtiger, „überfällig". Sie ist, anstatt nach den Hermits zu gelangen, nach Berlinhafen abgetrieben, den sie gerade einen Tag früher verlassen hat, ehe die „Gazelle" dort eintraf. Nun ist Wahlen wohl in einiger Sorge, aber auch mir ist ein grosser Strich durch die Rechnung gemacht, dass ich diese Schwester Insel von Wuwulo nicht betreten soll, die noch jungfräulich von den weissen Usurpatoren und vielleicht auch von Malaria ist.

Gegen Mittag kamen wir nach der kleinen, einsamen Allison Insel, die erst 1882 von Weissen entdeckt, aber schon einige wenige Jahre vorher von vertriebenen Anachoret-Insulanern besiedelt ist. Trotz der häufigen Regenböen gingen wir an Land, und wurden von den etwa 20 Eingeborenen, die unter dem Einfluss von Devlin in Ninigo stehen, freundlich bewillkommnet. Die Insel ist bisher höchstens von 12 Europäern besucht, – leider war unser Besuch zu kurz, nur zwei Stunden lang, um wesentlich neues zu sehen. Sie mag etwa 20 ha gross, sehr fruchtbar und ganz, wie ein Wuwulo im kleinen, von Cocospalmen und Tarosümpfen durchsetzt. Daneben giebt es auch eine sozusagen „trockene"

Leider fehlt noch immer die Fortsetzung. Dp.

Anm. d. Hrsg.: mit diesem Vermerk Otto Dempwolffs endet dieses Tagebuch.

Abb. 38: Das Schiff Gazelle

Abbildungsverzeichnis

Alle Abbildungen mit Ausnahme der Abb. 39 *Papua-Neuguinea und die Westlichen Inseln (1902)* sind digital aufgearbeitete Fotos und Skizzen des originären Tagebuches und wurden von Otto Dempwolff erstellt.

Abkürzungsverzeichnis

bezw.	beziehungsweise
c^a	circa
dgl.	dergleichen
Dp.	Dempwolff
Kapt.	Kapitän
M	Mark (Währung)
N.	Nr.
N.W.	Nordwest
N77E	77 Grad östlich von Norden
nb. ao. Prof.	nicht beamteter außerordentlicher Professor
NW	Nordwest
Ob.lt.	Oberleutnant
PNG	Papua-Neuguinea
S.E.	Southeast
S.M.S.	Seiner Majestät Schiff
S.W.	Südwest
S42E	42 Grad östlich von Süden
S47W	47 Grad westlich von Süden
S87W	87 Grad westlich von Süden
SW	Südwest
t.	Tonne (Maßeinheit)

u.	und
WSW	Westsüdwest

Ortsverzeichnis

Hermit Inseln	Hermit Group.[3]
Hillypoint	Sabumo Point, an der Südküste v. Manus Island.[1]
Hyänedurchfahrt	Hyäne Passage, zwischen Akib Island und Luf Island, beide Teil der Hermit Group.[2]
Jesus Maria	Rambutyo Island, östl. v. Manus Island.[1]
Kaboteron	Kabotteron Island, bei Kavieng, New Ireland.[1]
Kaiser Wilhelmsland	historisch auch: Kaiser-Wilhelms-Land, nordöstl. Teil Neuguineas.[1]
Kewieng	historisch richtig: Käwieng, heute: Kavieng, New Ireland.[1]
Komuli	Kumuli Island, südöstl. v. Manus Island.[1], [2]
la vandola	Nauna Island, östl. v. Manus Island.[1]
Leleimnus	siehe Lelemus.
Lelemus	Lemus Island, New Ireland?
Longan	Longan Island, Insel der Ninigo Islands.[1], [3]
Luf	Luf Island, Insel der Hermit Group.[2], [3]
Malay Bai	Malai Bay, Bucht an der Südseite von Manus Island.[1]
Manus	Manus Island, größte Insel der Admiralitätsinseln.[1]

Maron	Maron Island, Insel der Hermit Group.[2], [3]
Matty	Wuvulu Island.[3]
Maty	Wuvulu Island.[1], [3]
Mioko	Insel der Duke of York Islands.[1]
Monofe-Durchfahrt	Durchfahrt westl. der Hermit Group?
Mutter	Mount Kombiu, East New Britain.[1]
Neu-Hannover	New Hanover-Island (Lavongai).[1]
Neu-Mecklenburg	New Ireland.[1]
Neu-Pommern	New Britain.[1]
Ninigo	Ninigo Islands.[1]
Nord-Tochter	Mount Tovanumbatir, East New Britain.[1]
Nusa	Nusa Island, bei Kavieng, New Ireland.[1]
One	Onne, Dorf auf Wuvulu.[3]
Palaiai	Paliai Island, südöstl. v. Manus Island.[2]
Patrick Insel	siehe St. Patrick Island.
Pémé	Pemei, nordöstl. v. Luf Island, Teil der Hermit Group.[2], [3]
Ramu Fluss	Fluss im nördl. Teil Neuguineas.[1]
Simbang	Ort bei Finschhafen, im östl. Teil Neuguineas.[1]
Southwestpoint	Southwest Point, Südwestspitze (Kap) v. Manus Island.[1]

St. Andreas Hafen	bei Kumuli Island, südöstl. v. Manus Island.[2]
St. Patrick Island	Baluan Island, südöstl. v. Manus Island.[1]
Süd-Tochter	Mount Turanguna, East New Britain.[1]
Tset	Tset Island, nördöstl. v. Luf Island.[2]
Violet Insel	Violet Patch, südöstl. v. Manus Island.[2]
Wuwulo	Wuvulu Island.[3]

Quellen:

1. Archivführer Deutsche Kolonialgeschichte,
   https://archivfuehrer-kolonialzeit.de/map,
   Abruf am 17. Nov. 2019.

2. Plans in the Admiralty and Hermit Islands,
   Hydrographic Office, Washington D.C., U.S.A., 1949,
   https://library.ucsd.edu/dc/object/bb3345919h,
   Abruf am 17. Nov. 2019.

3. The Wuvulu Web Site,
   https://wuvulu.com/,
   Abruf am 17. Nov. 2019.

Personenverzeichnis

Ah yeng	Chinese, Koch auf der *Gazelle*, mit malaiischer Frau und zwei Kindern, ehemaliger Koch von Dempwolff in Papua-Neuguinea 1895-1897 (dort hieß er A-Yeng).
Akan	Chinese, Koch, Händler auf der Insel Wuvulu (Maty).
Atmo	siehe Atmodihadyo.
Atmodihadyo	Javane, Diener von Otto Dempwolff, Gehilfe der Malariaexpedition.
Bauniu	Einheimischer von der Insel Luf.
Biam	Häuptlingssohn von der Insel Manus, Boy auf der *Gazelle*.
Bolu	siehe Boluminski.
Boluminski	Distriktchef, aus Kavieng.
Dakada	Einheimischer von der Insel Luf.
Devlin, Jimmy	Ire, Händler von den Ninigo-Inseln.
Fringgs	Familie auf der Insel Nusa, die Frau Schwester von Max Thiel.
Geidies	Oberleutnant, an Bord der *Möwe*.
Goho	Schiffsjunge auf der *Gazelle*.
Gomes	Einheimischer von der Insel Manus, früher Arbeiter in Matupi.
Hector	Schotte, Bootsmann auf der *Gazelle*.

Hellwig	Mitreisender auf der *Gazelle*, wissenschaftlicher Sammler für die Firma Hernsheim, 41 Jahre alt. *Anm. d. Hrsg.: gemeint ist Franz Emil Hellwig, 1854–1929.*
James	Sohn von Jimmy Devlin, 8 Jahre alt.
John	Sohn von Jimmy Devlin, 10 Jahre alt.
Jonny	Boy auf der *Gazelle*, von der Insel Manus.
Kwin	Einheimischer von der Insel Luf.
Leonhard, William	Händler, von der Insel Wuvulu (Maty), *Anm. d. Hrsg.: gemeint ist wahrscheinlich William Peder Leonard (1875–1920/21).*
Mamatas	Boy auf der *Gazelle*.
Mangi	Boy auf der Station der Insel Wuvulu (Maty).
Matthies	Händler, an Bord der *Stella*.
Morad	Häuptling auf der Insel Maron.
Naliga	Häuptling auf der Insel Wuvulu (Maty), etwa 25-jährig.
Ngasai	Yabim, Diener von Otto Dempwolff.
Niëman	Einheimischer von der Insel Luf.
Niemann	Kapitän der *Gazelle*.
Petersen	Däne, Händler, von Beruf Seemann, seit 1895 im Bismarck-Archipel.
Reimers	Händler, an Bord der *Stella*.

Rodatz	Passagier für die Insel Nusa an Bord der *Gazelle*.
Saun	Einheimischer von der Insel Luf.
Schmidt	Passagier an Bord der *Gazelle* während der Küstenfahrt von der Insel Kumuli nach Malai Bai (Insel Manus), „officer in charge" der Taucherflotte, Deutsch-Australier zweiter Generation.
Schultz	Passagier für die Insel Nusa an Bord der *Gazelle*.
Sesao	Tamul, persönlicher Diener von Otto Dempwolff.
Sisao	siehe Sesao.
Thiel, Max	Ehemaliger Chef von Rudolf Wahlen, als Passagier für die Insel Nusa an Bord der *Gazelle*.
Wahlen, Rudolf	Organisator der Reise, an Bord der *Stella*, Prokurist der Firma Hernsheim & Co.
Wendland, Dr.	Bekannter Dempwolffs, Arzt in Friedrich-Wilhelms-Hafen, heute: Madang, Papua-Neuguinea.
Wieting	Oberleutnant, an Bord der *Möwe*.
William	siehe Leonhard, William.
Wolff	Maschinist auf der *Gazelle*.
Wooden	Händler, ehemals auf der Insel Wuvulu (Maty).

Schiffsverzeichnis

Gloria
Logger unter englischer Flagge der Hamilton Pearl Fishing Compagnie.

Gazelle
Rudolf Wahlens großer Motorschoner, 151 tons, 9 Fuß Tiefgang.

Johann Albrecht
Schoner der Neuguinea-Kompagnie.

Möwe
Kleines Kriegsschiff der deutschen Marine, seit September 1895 als Vermessungsschiff in Deutsch-Neuguinea stationiert, siehe Dempwolff, Otto: Tagebücher aus Papua-Neuguinea 1895–1896.

Senta
Schoner der Neuguinea-Kompagnie.

Stella
Rudolf Wahlens kleiner Schoner, 16 tons.

Wörterverzeichnis

Nachfolgend ein Vergleich der von Dempwolff verwendeten Schreibweise (links) mit der heutigen Schreibweise (rechts) anhand von Beispielen (teilweise verwendet er beide Schreibweisen):

ausser	außer
Blutvergiessen	Blutvergießen
draussen	draußen
einigermassen	einigermaßen
Fuss	Fuß
liess	ließ
regelmässig	regelmäßig
sassen	saßen
schliesslich	schließlich
Weisse	Weiße

(keine Verwendung des heutigen Buchstabens „ß")

abstrackt	abstrakt
aufgepuert	?
aufluven	anluven
ausgebojte	betonnte (Fahrrinne)
auslhoten	ausloten
Blutharmuth	Blutarmut
blutroth	blutrot
Bureaukratismus	Bürokratismus
Butenklüver	Außenklüver
Coprahandel	Kopra-Handel
Curiosität	Kuriosität
Districtschef	Distrikt-Chef
durftig	dürftig
Eigenthümlichkeit	Eigentümlichkeit
Erin	Irland

Etatsmittel	Etatmittel
Fischereigerechtsame	Fischereirecht
garnicht	gar nicht
giebt	gibt
grossenteils	größtenteils
Hayfisch	Haifisch
Heimath	Heimat
heute morgen	heute Morgen
Hotelwirth	Hotelwirt
Hülfsmaschine	Hilfsmaschine
in so fern	insofern
irgend ein mal	irgendeinmal
kabblig	kabbelig
Kapitain	Kapitän
Kaptain	Kapitän
koulant	kulant
malayisch	malaiisch
metallnen	metallenen
monatlanger	monatelanger
Muth	Mut
Naktheit	Nacktheit
Nothwehr	Notwehr
Obscönität	Obszönität
Officier	Offizier
Parthie	Partie
Pidgeonenglish	Pidgin-English
Piknik	Picknick
Possesifaffixe	Possessivaffixe
Rathshaus	Rathaus
Rhede	Reede
Rytmus	Rhythmus

sämmtliche	sämtliche
Schaar	Schar (Gruppe)
Schuner	Schoner
Sontag	Sonntag
Tags zuvor	tags zuvor
that	tat
theilen	teilen
Thür	Tür
um so	umso
unnöthigerweise	unnötigerweise
verabfolgen	verabreichen
vor liegt	vorliegt
westliche Inseln	Westliche Inseln

Insbesondere bei längeren Wörtern setzte Dempwolff das Leerzeichen oder den Bindestrich wie folgt ein (es handelt sich nicht um Trennungsstriche, die irrtümlich durch das Textverarbeitungsprogramm aus einer vorangegangenen Silbentrennung übernommen wurden):

Matty-insel	Matty-Insel
Alacrity hafen	Alacrity-Hafen
Anopheles brutstätten	Anopheles-Brutstätten
Culex larven	Culex-Larven
Kriegsschiff-demonstrationen	Kriegsschiffs-Demonstrationen
Planken-herstellen	Herstellung von Planken

Auf -nis endende Wörter schrieb Dempwolff teilweise mit der Silbe -niss:

Einverständniss	Einverständnis
Kenntniss	Kenntnis

Einige Sätze werden heute anders formuliert, z.B.:
Über dem Meere ...   Über dem Meer ...
... wie ich es kennengelernt.   ... wie ich es kennengelernt
                               habe.

Folgende Abkürzungen wurden ersetzt bzw. beibehalten:
u-ähnliches Zeichen   usw.
u.s.w.   u.s.w. (wurde beibehalten)

Aus Gründen der besseren Verständlich- und Lesbarkeit der Texte wurden einige Kommas vom Herausgeber eingefügt. Dennoch fehlen – nach heutiger Schreibweise – weiterhin Kommas.

Wenige Wörter wurden korrigiert (z.B. Luvseite (eines Schiffes) statt Lufseite, gehievt statt gehift, Buccaneers statt Bucaneers). Weitere bewusste Korrekturen wurden nicht vorgenommen. Wörter wie Trochusshells wurden übernommen.

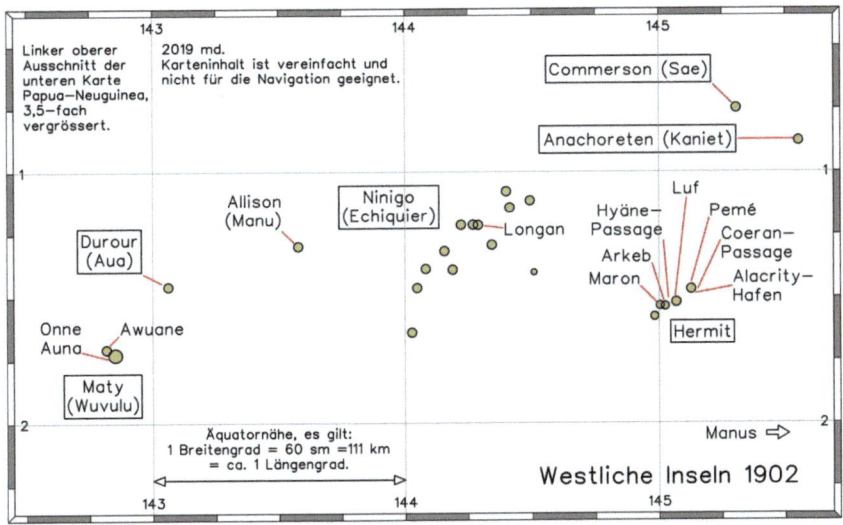

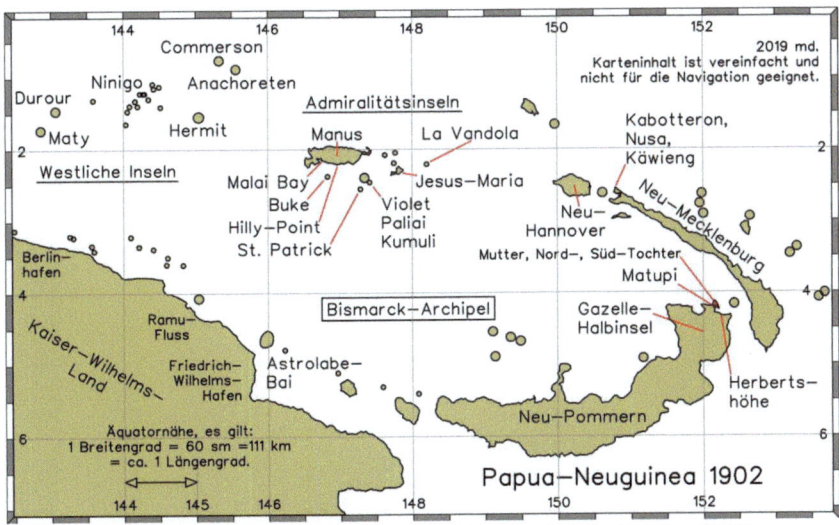

Abb. 39: Papua-Neuguinea und die Westlichen Inseln (1902)

Die Karten wurden vom Herausgeber mit Hilfe von gemeinfreien Karten erstellt und dienen nur der groben Orientierung.

Ich hoffe, weitere Tagebücher Dempwolffs herausgeben zu können: *Papua-Neuguinea, Südwestafrika, Ostafrika*. Auch hier hat meine Mutter Irmgard Duttge, geb. Dempwolff, bereits herausragende Vorarbeit geleistet ...

Bisher erschienen im gleichen Verlag:
Otto Dempwolff: *Tagebücher aus Papua-Neuguinea 1895–1896,*
Otto Dempwolff: *Tagebücher aus Südwestafrika 1898–1900.*